망할 때
깨닫는 것들

망할 때 깨닫는 것들

1판 1쇄 발행 2017년 7월 10일
1판 2쇄 발행 2017년 10월 15일

지은이 유주현
펴낸이 이윤규
펴낸곳 유아이북스
출판등록 2012년 4월 2일
주소 서울시 용산구 효창원로 64길 6
전화 (02) 704-2521
팩스 (02) 715-3536
이메일 uibooks@uibooks.co.kr

ISBN 978-89-98156-74-9 03320
값 13,500원

망할 때
깨닫는 것들

유주현 지음

 유아이북스
Ultimate Information

당신이 하면
잘될 것 같지?

짜증난다. 찌뿌둥한 몸을 일으켜 출근했는데 윗사람에게 잔소리부터 듣는다. 기억이 나지 않지만 꿈에서 봤던 장면 같다. 어쩌면 어제 일인지도 모르겠다. 어질어질한 머리를 커피 한잔으로 다스린다. 열심히 일해 봐야 남는 건 스트레스와 통장 마이너스 잔고. 지겨운 야근에 아이디어를 쥐어짜고 별 생쇼(?)를 다 하지만 늘어나는 건 불안감뿐이다. 직장 상사들을 보면 부럽다. 권력이란 게 저런 건가 싶다. 특히 사장! 법인카드로 생색내면서 거래처 미팅이랍시고 비싼 음식만 먹는다. 저 한 끼면 내 월급의 10%는 될 텐데 월급이나 올려 줄 것이지…. 회식 때마다 듣는 사장의 잘난 무용담에는 짜증이 나지만 역경을 딛고 성공한 CEO들의 인터뷰 기사에는 고개가 끄덕여진다. 그래, 나도 사장 한번 해 보자. 우리 회사 사장 같은 사람도 성공했는데, 까짓 것 해 보자!

딱 당신 이야기인가?

내 생각이 틀리지 않았다면 당신은 독립을 꿈꾸는 대한민국 월급 생활자다. 이른바 '소시민'들 중 예비 창업자들의 심리가 대부분 이렇다. 회사 생활을 하다가 '우연한 기회에' 혹은 '평소 마음에 두었던' 특정 아이템이 보여서 돈 많이 벌겠다고 창업을 선택하기도 한다.

동기야 어떻든 최종적으로 창업을 결정하는 단계에 이르면 '스티브 잡스', '백종원'의 성공 스토리가 가슴을 불태운다. 영화에서 보던 자기만의 사무실, 가게에서 여유롭게 하루를 맞는 그림도 착착 맞춰진다. 언론 인터뷰 요청이 쇄도하고 방송 프로그램에서 창업자들에게 인생 선배로서 꿈을 펼치라고 격려하는 무지갯빛 미래가 기다리는 것 같다.

어두운 구석에서 지켜보던 나는 이렇게 퉁명스레 말을 던진다.

"잘될 것 같지?"

밑도 끝도 없이 비꼬는 것 같은 어투에 당신은 발끈할 것이다. "당신이 잘 몰라서 그래?", "다되지도 않은 음식에 왜 소금부터 뿌리지?", "당신이 이 일 해봤어?" 등등 흥분어린 말도 튀어나올 것이다.

　사실 난 그 일을 해 본 적도 없기에 말릴 생각도 없다. 한 사람의 생각과 인생 목표를 좌지우지할 권한이 내겐 전혀 없으니까. 그렇다면 왜 내가 이렇게 삐딱한 말을 건네는 것일까? 그것도 사업에 실패해 본 경험이 있는 사람이. 이 책을 통해 손가락 말고 달을 보기 바란다. 기분 나빠 손가락을 깨문다면 어쩔 수 없는 일이지만 말이다.

　나도 실패자였다. 특별한 목적이나 목표 없이 창업했던 탓이었다. 회사 다니던 시절 윗사람들이 짜증났던 건 사실이지만 노후 불안은 생각지도 않았다. 원대한 포부? 그런 거 없었다. 그냥 내 일이 좋아서 군대 전역 후 홍보쟁이를 한 것이다. 우연히 마주친, 혹은 미리 분석해 두었던 아이템도 전무했다.

　내 마지막 월급쟁이 시절은 PR 대행사에서 이른바 '먹고 마시고 노는 팀'의 팀장이었다. 유명한 주류 회사 두 곳을 직접 담당했다. 그런데, 입사 전 돌발성 난청으로 청력이 매우 약해진 상태였던 것이 과로와 스트레스가 겹치자 문제가 생겼다. 몇 달간 고생하다 결국 병원을 찾았을 땐 곧바로 청력 상실 경고를 받았다. 병원 네 곳을 찾아갔지만 진단은 같았다. 고민 끝에 끝까지 책임져 드리지 못한 분들에게 머리 조아리고 사정해 염치없이 4개월 만에 퇴사했다. 퇴사 후 할 건 없었다. 먹고 살아야 하는데 다시 직장에 다닐 순 없는 상황이었다. 어쩔 수 없이 밥벌이 수단으로 창업을 선택할 수밖에 없었다.

통장 잔고는 마이너스에, 수중에 가진 건 고작 한 달 치 생활비였기 때문이다. 그렇게 준비 없이, '그래 까짓것 한번 해 보자. 가늘고 길게 살면 되겠지'란 생각으로 세무서를 찾아가 사업자 등록증을 받아 나왔다.

일단 부딪치니 생활비는 충당이 됐다. 1년 반 정도 고생하다 3년 차에 들어서니 월급보다 많은 액수가 통장에 찍혔다. 면접 보러 다니던 내가 구인 공고를 내고 '면접관'이 되어 있었다. '이게 사업이구나', '창업 그리 어렵지 않네' 하는 생각마저 들었다. '이렇게 하면 된다!'면서 스스로를 칭찬했다.

그러나 딱 여기까지였다.

창업 4년 차, 새해가 되어 뒤돌아봤을 때 현금을 주던 고객사가 모두 사라져 있었다. 힘들게 영입한 신규 고객사는 '외상'만 달았다. 어찌어찌 빚으로 직원들 월급을 챙기며 힘들게 버텼지만 그렇게 1년을 지내는 동안 카드, 보험, 은행, 지인 빚으로도 모자라 '저축은행' 대출까지 받았다.

그렇게 버티다가 결국 폐업을 결정, 당시 고객사였던 곳의 '마케팅과 경영'을 책임지기로 하고 합쳤지만 거기서도 답이 안 나왔다. 결별 후 다시 뛰어든 취업 시장에서는 나이와 연봉이 가로 막았다. 또 다시 일주일을 집에 박혀 고민하다가 '재기전'에 나서기로 했다. 철판 깔고 예전에 다니던 회사에 연락해 마지막으로 손을 벌렸다. 한 달 안에 영업을 못하면 마포대교에서 뛰어내리겠다는 각오였다. 지금은 대출을 가장 크게 받았던 '3대 빚' 중 하나를 청산했다. 책이 나올 때쯤이면 모든 빚을 정리했을 것으로 믿는다. 가끔 마지막이라고 생각했던 때를 떠올리면 등에서 식은땀이 흐른다.

난 올레꾼이다. 힘들든 좋든 무슨 일이 있으면 제주행 항공권을 끊는다. 2016년 12월, 급한 불을 모두 끄고 머리를 비우기 위해 그해의 처음이자 마지막 휴가로 올레길을 찾았다. 열 달 만에 찾은 그곳에서 '행복'을 느꼈다. 최악이었고 바닥을 찍었던 한 해를 생각하니 '만감이 교차한다'는 말로는 표현이 부족했다. 자박자박 길을 걸으며 예전부터 구시렁대기만 했던 것을 써 보기로 마음먹었다.

스물네 살 때부터 최종 결정권자들을 바로 옆에서 봐 왔다. 조직의 팀 하나를 책임지는 '팀장'과 창업 후 모든 걸 책임지는 '사장'은 물과 기름 정도가 아니라 '하야 촛불'과 '탄핵 반대' 집회만큼 다르다. 창업은 곧 사장으로의 '셀프 승진'을 의미하는데, 대다수 창업자들이 그에 대한 준비가 전혀 안 돼 있는 걸 발견했다.

창업을 결심한 사람들에게 현실은 힘들고 쓴 정도가 아닌 '공포'이며 '지옥의 불구덩이'임을 알려 주고 싶다. 아름다운 세상, 이성과 논리가 가득한 민주주의는 창업 바닥에선 절대 찾아볼 수 없다. 정말이다. 창업하고 나면 사회적 기업에조차 이른바 갑질이 살아 숨 쉬는 '자본주의 생태 밀림'을 바로 맛본다. 인간적인 것은 기대할 수 없다. '약육강식'과 '생존'이 무엇인지 예행연습 없이 곧바로 배우게 되며, 그 배움의 종착은 대다수가 폭망과 폐업이다.

창업과 관련된 책을 수도 없이 뒤져 봤지만 성공을 위한 팁과 조언이 넘쳐날 뿐, 실패와 현실을 모아 냉정하게 일러 주는 경우는 거의 보지 못했다. 실패는 철저히 외면당한다. 우리는 '실패'에 관대해야 한다고 말하지만 현실은 어떤가? 만약 당신이 직원을 뽑을 때 회사가 망하고 폐업한 사람이 온다면 어떻게 하겠는가? 서류 전형에서 '이미 아웃'이다. 최소한 나의 경험과 목격담에 있어서 '사업 실패'는 '인생 실패'로 치부되었다. 잔인하게는 '인격 실패'로 치부되기도 한다. 이것이 21세기를 17년 보낸 대한민국의 현실이다.

이 책은 당신의 눈과 귀에 거슬릴 불편한 진실과 악담만 담고 있다. 미사여구나 유식한 척 늘어놓은 이론 같은 건 없다. 나의 경험(다시 말하지만 나도 한 번 말아먹었다!)과 기자들을 통해 들었거나 직접 보며 알게 된 '현실'만 있다. 순진하게 창업을 준비하는 사람들을 뜯어 먹고 먹튀하는 이들이 난무한 곳…. 창업 시장은 자본주의가 키워 놓은 '갑질'과 '약육강식'이 살아 숨 쉬는 곳이란 걸 알려 주기 위한 책이다.

책을 읽으며 불편하다면 당신은 나처럼 실패 경험을 쌓는 길로 진입하고 있는 것이다. 험한 세상에 뛰어들기에 제대로 준비가 안 됐다는 증거일 수도 있다.

홍보업계 선배가 쓴 책에 이런 말이 있다.

'죽어 봐야 죽는 맛을 안다'.

위기 상황을 초래하는 기업들의 행태를 비유한 말이다. 사업을 말아먹고 비참하게 살아 보니 무슨 말인지 뼈에 새겨졌다. 책을 읽고 이메일(저자 소개 참조)로 욕을 써 보내도 좋다. 그래도 할 말은 해야겠다. 불편한 진실도 거짓이 아닌 진실이다.

2017년 5월
저자 씀

목 차

1장

—

성공보다
실패가 먼저

성공 사례,
당신의 이야기가 아니다

얼마 전부터 대한민국 사회와 문화를 반영해 온 키워드 두 가지를 고른다면 '먹방'과 '쿡방'이다. TV 틀면 예능은 물론이거니와 다큐멘터리, 드라마 할 것 없이 먹방투성이다. TV뿐일까? 블로그, 인터넷 기사도 먹방 천지다. '내가 이렇게 잘 먹고 산다', '난 이런 거 먹고 산다' 등…. 얼마 전 페이스북에서 읽은 한 언론인 평가에 따르면 인스타그램의 세 가지 구성 요소 중 비중을 크게 차지하는 하나가 '주구장창 먹방'이라니 말 다 했다.

'먹방' 하면 머릿속에 떠오르는 사람이 있다. 당신이 떠올리고 있을 그 사람, 맞다. 설마 차줌마를 떠올렸나? 더본코리아 백종원 대표다. 2013년 탤런트 소유진과 결혼하며 '소유진 남편'으로 불리기도 했던 그는 이젠 소유진이 '백종원의 아내'로 불릴 만큼 유명인이 됐다. 그의 사진이 붙은 더본코리아 프랜차이즈 가맹점 앞을 지나며 사람들은 〈집밥 백선생〉을 비롯해 그가 출연한 방송이나 관련 기사 내용을 대화의 새로운 소재로 삼기도 한다. 쌈밥집으로 출발해 2016년 9월 기준 20개 브랜드 론칭, 1267개의 가맹점 및 직영점을 운영 중이며, 매출은 1000억 원을 가뿐히 넘는다. 단골 식당 주인은 늘 남는 게 없다 하는 '먹는 장사'에서 그는 '기적'을 거뒀다. 아름답다. 화려하다.

애플, 페이스북의 설립자인 스티브 잡스와 마크 저커버그는 만난 적은커녕 직접 본 적도 없지만 언론과 인터넷을 통해 워낙 많은 정보를 접해서인지 친근하다. 구글 공동 창업자 래리 페이지와 세르게이 브린, 아마존 창업자 제프 베저스, 알리바바 창업자 마윈 등 우리가 접한 '성공한 사람'들의 이야기는 셀 수 없이 많다. 심지어 대학교에 장학금 몇 억을 쾌척한 욕쟁이 할머니까지. 책을 비롯한 각종 언론 매체에서는 이들의 성공 스토리에 대해 '친절히' 분석해 준다.

이 사람들의 성공 스토리를 보면 가슴이 뛴다. 특히나 창업을 준비 중인 사람이거나 스타트업의 CEO라면 도약을 위한 결정적인 투자 유치, 계약 성사에 성공한 얘기들을 보면서 마치 자신의 일처럼 온몸에 전율을 느낄 것이다. 몇 년 뒤의 내 얘기 같겠지만 정신 차리시라. 그 사람들 얘기지 당신의 얘기가 아니다. 초기 창업자들은 이런 성공 스토리를 롤모델로 삼는다고 하지만, 글쎄다. 롤모델이 아니라 벌써 스스로 성공한 것으로 착각하는 것이다. 아닐 것 같나?

주변 지인들의 부탁과 추천으로 스타트업, 벤처 기업의 CEO를 만날 때가 있는데, 그나마 커피 한잔으로 시작해 밤늦도록 2차, 3차까지 가는 경우는 드물다. 열에 아홉 정도의 미팅에선 커피 한잔을 끝으로 일어난다. 왜냐고? 얘길 하다 보면 짜증이 밀려오기 때문이다. 처음 30분 정도는 사업 내용과 주 고객을 파악하기 위해 열심히 듣는다. 그 다음엔 궁금한 것이 생겨서 질문하기 시작한다. 가장 기초적이고 가벼운 질문으로 10분 정도면 된다. 이후엔 다시 창업자가 내게 이것저것 묻는다. 나는 홍보쟁이니 PR이나 마케팅 방안에 대해 물어봐 달라고 하지만 전혀 다른 말을 한다. 만난 지 40분 만에 사업이 잘되기 위한 정답을 내놓으라는 것은 기본이다. 겨우 30분 동안 사업 내용을 들었을 뿐인데 머릿속에 스친 얘기를 꺼내면 '당신은 이 분야를 안 해 봐서 모른다'고 잘라 말한다. 그래도 이건 양반이다. 심한 경우 눈빛이 사기꾼 보듯 하고, 그 업계에서 성공한 '아무도' 모르는 인물의 성공 스토리를 늘어놓으며 처음 보는 사람을 훈계한다. 아직 통장에 돈 쌓아 놓은 것도 아니면서 벌써부터 초특급 울트라 갑질 모드일 때도 있다. 나하고 계약 맺은 것도 아니면서, 기가 막히고 코도 막힌다. 분위기가 이쯤 되면 다른 약속을 핑계로 그냥 자리를 뜬다. 지인 얼굴을 봐서라도 얘기는 좀 더 나눠 볼 수 있지 않냐 할 수도 있지만 돈 주는 고객사도 아닌데 내가 왜 듣고 있어야 하나? 자원봉사를 하는 것도 아니고 아까운 시간 쪼개서 처음 만난 사람한테 싫은 소리를 왜 들어야 하나? 그 시간에 아이디어를 더 끄집어내든, 아니면 마른행주 쥐어짜듯 혹사당한 두뇌 휴식이 더 건설적이겠다. 나도 사업하는 사람이다.

이제 막 사업을 시작했거나 준비하는 사람들이 이른바 '그 사람의 성공'에 왜 그렇게 열광하는지 잘 안다. 나도 그 과정을 겪었기 때문에 너무나 잘 안다. 그런데 이런 성공 스토리는 당신이 이룬 성과가 아니다. 성공에 이르는 과정은 아직 겪지도 못했고, 머릿속에 그리는 것처럼 '내 맘대로' 써 내려 갈 수 있는 것도 아니다. 대한민국 18대 대통령 국정농단의 주범인 그녀도 뭐든 마음대로 할 수 있을 것 같았겠지만 결말이 어떤가? 모든 일이 생각대로 되는 건 아니다. 다른 사람의 성공 사례가 마치 자신의 것인 양 감정 이입하고 있으니 답답하다. 만난 지 한 시간 된 PR 업자가 첫 만남에서 '너무 앞서 나가는 것 같다' 얘기하면 불편해하니 내가 먼저 일어나서 사라져 줄 수밖에.

군에서부터 20년 가까이 홍보만 했다. 딱히 자랑할 것도 없는 데 가끔 강의에 불러 줄 때가 있다. 대개 스타트업인데 새로운 분야는 또 뭐가 있나 전문가들도 만나고, 용돈벌이 겸(이런 속물!) 얼른 나간다. 사족을 달자면 PR이라는 분야를 20년 동안 하다 보니 보고 들은 게 많다. 경험 얘기는 덤이다. 그래서 개미 뒷다리만 하게 나눌 게 있어 '강사'라는 타이틀로 20~30명 앞에 선다. 앞서 말한, 누군가의 부탁에 의한 맨투맨 첫 만남과 마찬가지로 강의 현장에서 만난 창업자들도 열에 아홉은 다른 이의 '성공 신화', '성공 사례'가 자기 것인 양 착각 속에 빠져 있다. 망하는 지름길은 바로 여기부터다.

어느 강의나 대부분 비슷하다. 강의가 끝나면 단체로 한잔하거나 명함을 꼭 받아 가서 나중에 따로 한잔한다. 소주 한잔에 서로에 대한 경계심이 사라지고 소주 한 병에 무장 해제되어 이런저런 말들이 오간다. 백이면 백, 그들은 모두 자신이 하는 일을 장황하게 설명한다. 그리고 꼭 뒤따르는 말이 '나는 이런 사람이 될 거다'가 아니라 '나는 누구처럼 성공할 거다'이다. 왜 다들 '난 이렇게 성공할 거다'가 아닌 '누구처럼'이라고 못을 박는지. 물론, 불확실한 미래에 그러한 동경의 대상을 두는 마음은 전적으로 동감한다. 그런데 왜 그렇게밖에 말 못하나?

2016년 6월 한 커뮤니티에서 '마케팅과 영업'에 대해 강의한

적이 있다. 강의료 한 푼 안 받고 커뮤니티 운영자 대표에게 내가 하겠다고 손을 들었다. 스타트업, 벤처 기업, 가맹점, 쇼핑몰 등 각 분야의 초기 창업자들이 모여 있는 곳이었는데 이들 대부분이 영업과 마케팅을 같은 것으로 오해하고 있는 걸 모르는 체할 수 없어서였다. 뭐 크게 도움은 안 됐겠지만 한 번 말아먹은 경험이 있는 나로서 할 수 있는 나눔을 처음으로 실천해야겠다 싶었다. 주어진 시간은 30분가량뿐이었지만 알고 있는 것들을 짧고 굵게 모두 풀어 놓았다. 강의가 끝나고 언제나 그랬듯 한잔하러 간 곳에서 나와 한 테이블 앉은 이들은 동영상, 온라인 콘텐츠 창업자였다. 그 옆에는 앱 개발자로 창업을 준비 중인 사람이 앉았다. 국가 지원 사업에 대한 얘기를 시작으로 이런저런 대화가 이어지던 중 동영상 사업자가 영업 대상과 방법을 알려 달라기에 아는 대로 설명을 했다. 역시나 돌아오는 말은 '그 방법은 내가 다해 봐서 안다. 당신이 모르는 거다'였다. 그럼 왜 물어봐? 다 알면서. 나보고 어쩌라고?

　이어서 그는 대부분의 사람들은 모르는, 동영상 업계에서 성공한 사람의 이름을 대며 자신도 그렇게 될 거라고 장황하게 말을 잇기 시작했다. 통장에 몇십 억이 있는지도 관심 없고 알지도 못하는 사람 얘기를 늘어놓았다. 나도 얼큰하게 취해 술자리 잔소리를 시작하니 '나는 그 사람처럼 되고 싶은 건데 당신이 지금 잘못 알고 있는 거다', '이쪽 바닥에 대해 뭐 알고는 있느냐?'고 한다. 내가 무슨 상담사, 심리 치료사도 아니고…. 곧바로 다른 자리로 옮겨 그냥 신변잡기나 풀고 웃으며 그 자리를 끝냈다.

열 번, 스무 번 말해도 모자랄 만큼 롤모델을 두고 희망을 갖는 건 필요하다. 하지만 망하는 사람들의 공통점 중 하나는 '내가 스티브 잡스, 마윈 자리에 오르면…'이란 말을 입에 달고 산다는 것이다. 아무도 알아주는 이 없는데 벌써부터 언제 찾아올지 모를 그 모습에 자신을 투영한다. 아직 상당한 금액이 통장에 쌓였다거나 당신을 취재하겠다고 나서는 기자가 있는 것도 아니다. 그 사람들이 얼마나 힘들었는지 과연 당신이 알까? 이 글을 읽고 있는 이 순간에도 마윈, 백종원은 뭘 하고 있을지 지금 당신의 모습과 비교해 보길. 그들의 성공 사례는 죽었다 깨어나도 절대 당신의 얘기가 될 수 없다!

정말 중요한 것은 그 사람들이 얼마나 힘들었는지 알아야 한다는 거다. 창업에 앞서 창업 선배들의 성공한 모습만 볼 게 아니라 실패와 수많은 시련들을 볼 수 있어야 한다. 배달의 민족으로 연일 화제가 된 우아한형제들 김봉진 대표의 경우, 많은 사람들이 '앱을 잘 만들어서 이룬 성공'으로 안다.

'배달앱 만들고 동네 가게 상대로 영업해서 잘된 것 아닌가?'

이렇게 쉽게들 말하지만 천만의 말씀이다.

지금의 배달의 민족 아이디어를 낸 후 앱을 만들기 전 가장 먼저 한 일은 노숙자도 아니면서 폐지장, 재활용품장, 건물 쓰레기 통을 뒤지고 다니며 전단지를 줍는 일이었다. 경비원에게 오해 받아 쫓겨나는 건 그나마 괜찮았다. 거지 취급은 둘째 치고 할아버지, 할머니들이 주워 파는 폐지를 젊은 사람이 가져가니 눈총받기가 일쑤였다. 앱 출시 후에는 힘들게 영업해 겨우 입점한 중국집에서 앱으로 주문이 안 들어온다며 사기꾼 취급을 했다. 여기서 끝이면 재미없다. 어느 정도 사업이 본격적인 궤도에 오르니 경쟁사가 튀어나오고 그를 성공한 사람으로 조명하던 언론은 '과대 수수료' 기사로 회사를 마구 흔들었다. 한고비 넘기자 투자비를 광고비로만 쓴다는 비판 기사가 쏟아져서 곤욕을 치르기도 했다. 자신 있나? 이런 힘든 과정과 비인격적인 대우와 모멸감을 참을 수 있나? 그 사람이 성공한 것은 이런 과정이 있어서다. 그러나 이런 과정은 인터뷰 기사 몇 줄, 책에서도 몇 페이지만 나올 뿐이다.

　지겹겠지만 알아야 한다.

　성공 사례는 그 사람의 얘기지 당신의 얘기가 아니다. 성공한 사람은 이런 미칠 듯한 과정을 거쳤다. 그런데 최소한 내 경험상 그동안 만난 창업자나 예비 창업자들은 이런 과정을 쉽게 지나쳐버린다. '당연히 거치는 과정이니 난 단단히 각오했다'란 말로 끝낸다. 그래 놓고 일이 벌어진 후에야 그때부터 허둥지둥 난리 블루스다. 쉽게 말해 성공 사례는 '내 모습'이고 실패나 시련은 '그 사람의 몫'으로 나누어 생각한다. 이런 창업자가 태반인 게 함정이라 그런가? 성공 사례는 내 얘기가 아니란 걸 분명히 알고 자신만의 얘기를 준비하며 인내하는 사람들이 1~2년 지나고 보면 성공 모델로 정착하는 걸 많이 봤다.

다른 사람의 성공은 절대 결코 기필코 당신 얘기가 아니다. 이 책을 다 읽고 나면 한번 실험해 보는 것도 방법이다. 다른 이의 성공 모델을 근거로 창업 아이템을 내세워 '나는 이렇게 하겠다'고 나중에 고객이 될지 모르는 사람을 찾아 물어보라. 지인이나 친구가 아닌 전혀 모르는 사람을 찾아서. 황당한 눈빛으로 '뭐 이런…'하고 가면 다행이다. 그들 눈에 당신은 '미친 사람' 아니면 '사기꾼'이다.

지금 성공한 이들의 자서전에 밑줄 긋고, SNS에 그들의 어록(?)을 올리며 '나도 이래야지' 할 때가 아니다. 자서전, 블로그, 인터뷰 기사에서 성공 스토리를 봤으면 앞으로 벌어질 일을 대비하는 게 최우선이다. 무슨 일이 일어날지는 아무도 모른다. 그래도 스스로 머릿속에 그리며 대비해야 한다.

스티브 잡스, 마윈, 백종원, 김봉진, 이해진(네이버) 등 성공한 사람들의 얘기는 당신의 것이 절대 아니다. 당신의 성공에 대해 말하고 싶으면 통장에 돈을 쌓은 뒤 고객과 직원들에게 베풀고 시작해라. 그래야 멋진 당신만의 성공 사례가 만들어질 것이다.

사업 시작하면 모두 적, 심지어 가족까지

난 '뜻한 바'나 '부자', '부귀영화', '사회 공헌' 같은 그 어떤 '의미'도 없이 무작정 창업했다. 귀가 좋지 않아서 더 이상 회사에 다닐 상황이 아니었다. 마지막 회사에서 짐 싸서 나온 후 일주일 동안 쉬다가 카드 값 낼 생각에 이리저리 궁리하며 인터넷을 뒤져 봤다. 2012년 3월 12일, 궁리 일주일 만에 집 월세 계약서를 들고 세무서로 향했다. 아무런 지식 없이 세무서 직원들에게 이것저것 물으니 민원실 직원이 답답했던 모양이다. 월세 계약서를 낚아채 가서는 10분 만에 사업자 등록증을 내왔다.

어서 나가라는 눈치에 나와서 보니 점심시간이었기에 세무서 구내식당엘 갔다. 그때 반찬을 아직도 잊지 못한다. 어묵 볶음,

김치, 콩나물, 김 한 봉지, 그리고 미역국…. '사업가'로서 첫발을 내딛고 먹는 첫 식사였다. '사업 탄신일에 미역국이라니 출발이 좋다'며 신이 났다. 그런데 생일날엔 당연히 미역국을 먹지만 지금 돌이켜 보면 그때 먹은 미역국은 사업이 미끄러질 암시가 아니었을까 싶기도 하다.

그날부터 회사소개서를 만들고 창업 담당 기자를 만나 술 한잔하면서 궁금한 것들을 물어봤다. 홍보 업계 선배를 찾아가 노하우를 듣고 뭔지 모르게 부산한 3주를 보냈다. 장가를 못 가(지금도 현재 진행형) 부양가족은 없지만 집안사람들에게 사업 시작한 걸 알리지 않았다. 어떻게 말할까 고민하다가 한식 성묘로 집안 어른들과 동생들이 모인 자리에서 명함을 건네고 사업에 대해 얘기했다. 참고로 우리 집안은 공무원 집안이다. 나랏밥 한 번도 안 먹은 사람 찾으면 두 손가락 안에 든다. 나조차도 군 장교 출신이다. 집안의 첫 창업자, 첫 사장을 보는 표정은 다들 당혹스러운 눈치였다.

어른들이 돌아가며 한마디씩 하시는데 명절날에 결혼, 연봉 묻는 스트레스보다 더했다. 어른들은 한마디였지만 난 '수십 마디' 칼날 같은 잔소리를 듣는 통에 기분이 잡쳐 있는데 결정타가 날아왔다. '귀머거리가 되어도 회사는 다녀야지 왜 때려치웠냐. 나이가 몇인데 사회생활을 그렇게 하냐!'는 것이다. 순간 욱했다.

울고 싶은 아이 뺨 때려 주는 것도 아니고, 열이 받아 씩씩거리며 어른들에게 돌진하려는 순간 놀란 동생들이 붙잡았다. 당시 90 킬로그램에 육박했었는데 힘 좋은 사촌 동생 셋에게 질질 끌려가 다행히 망나니 노릇은 면했다.

기자들 만나는 일이라면 서슴없는데 영업은 어떻게 해야 할지 몰랐다. 휴대 전화 주소록을 뒤져 전자상거래 솔루션 업체의 홍보팀장 시절에 친하게 지내던 인터넷 쇼핑몰 사장들부터 찾아갔다. '지나가다 생각났다'란 핑계로 만나 영업 아닌 영업을 시작했지만 덕담만 많이 듣고 왔다. 계약은 무슨. 어떤 일을 하는지는 말도 못 꺼냈다. 정책 부서에 시달려 되게 힘들어할 때 마음 써서 챙겨 주었던 쇼핑몰 사장은 소주 한잔 사 주며 '앞으로 오지 말라는 눈치'를 덤으로 주었다. 아이템 덕에 KBS 9시 뉴스 메인에 나오며 물건이 불티나게 팔리던 쇼핑몰 사장은 신나게 자기 얘기만 하다가 나중엔 대놓고 '오지 마라'는 말로 끝냈다. 전자상거래 솔루션 업체에 있을 때 다른 직원들에게서 '거기서 뭐 받아먹었냐'는 소리까지 들으며 챙겨 줬건만 내가 이러려고 이 사람들을 챙겼나 하는 자괴감이 들었다. 여기서 끝이면 재미없다.

창업 한 달 전 모 쇼핑몰 사장이 급하게 연락해 왔다. 관공서 단속에 생각나는 사람이 나밖에 없다고 도와 달라는 거였다. 전후좌우 사정을 듣고 대처 방법을 코치해 급한 불을 끄도록 도와 줬다. 그리고 우연찮게 사업자 등록 하루 전날 통화가 돼서 사업을 시작한다고 했더니 계약을 꼭 하겠다고 했다. 기분 좋게 아이디어를 내고 열심히 분석한 제안서를 들고서 찾아가 첫 영업을 시작했다. 그런데 연 매출 80억 올리는 쇼핑몰 대표가 그 자리에서 제시한 대행료는 2012년 4월 당시 최저 임금도 안 되는 금액이었다. 내가 당신 알바생이야? 예전 회사 직원들이 그 쇼핑몰 사장을 '진상', '아이디어 도둑놈', '검열 삭제 욕'으로 평가하는 데는 이유가 있었다. 그래도 일주일간 기다렸다 다시 전화했더니 '자애로운 마음으로 그 정도라도 주는 것'이라는 식의 말을 한다. 내 정말 어이없어서…. 한 달 뒤에 강의 나갔다가 당시 친한 컨설턴트를 만나 혹시나 하고 그 쇼핑몰 얘기를 넌지시 꺼냈다. 그랬더니 교과서에 나오는 전 세계에서 가장 나쁜 놈들 수준으로 그를 평가했다. 설마 하며 쇼핑몰에 접속해 보니 내가 낸 제안서의 아이디어를 쓰고 있었다.

사업하면 이런 일이 넘쳐난다. 창업자들의 '흔한 착각' 중 하나가 사업을 시작하면 도와줄 사람이 나타날 거라는 근거 없는 믿음과 자신감이다. 왜 도와줘야 하나? 한국 전쟁 때 '자유 민주주의'를 부르짖으며 돕던 미군 중심의 UN군도 소련의 세력 팽창을 막기 위해 나선 것이었다. 한국인을 무작정 사랑해서가 아니란 얘기다. 자, 그렇다면 당신 사업을 도와줘야 할 이유에 대해 친한 사람들에게 물어봐라. 똑 부러지게 말하는 사람은 없다. 그럼 당신의 고객이 될 수도 있는, 모르는 사람에게 물어봐라. 째려보지 않고 미친 취급만 안 해도 성공이다.

창업한 순간부터는 나 빼고 모두가 적이다. 사업을 시작하면 서비스와 제품을 덤핑으로 후려치려는 사람들과 처음엔 의기투합하다가 결별 후 고객을 뺏어 가는 적군들이 득시글댄다. 통장을 채워 주는 고객들은 예비 배신자다. 내가 어느 정도 돈을 벌고 선심을 쓰기 전까지는 모두가 적이다.

창업 이후 이 같은 사실을 매일매일 깨닫고 있다.

'일신우일신日新又日新'이란 말이 창업자에게 던지는 의미는 냉혹하다.

매일매일 새롭게 발전한다는 원래 의미가 아니라 적군들이 새롭게 늘어난다는 말이다. 일이 잘 안 풀릴 때 세상을 삐딱하게 보는 태도가 아니라 지금도 절실하게 깨닫고 있는 사실이다. 특히 슬럼프에 빠질 때면 무심한 듯 가족이 던지는 말도, 그게 뭐 대수라고 할지 모르지만 가족이라 더 아프다. 혹시라도 집안 돈을 끌어다 쓰진 않을까 걱정하는 모습도 보인다. '가족'이란 이유가 더 힘들게 한다.

2015년 11월 빚, 빚, 빚으로 버티다 100만 원이 모자랐다. 너무 급한 나머지 집에 손을 벌렸더니 욕을 패키지로 함께 받았다.

어릴 때부터 내 나이 마흔하나까지의 삶은 모두 잘못된 것, 오발탄 인생으로 평가받았다. 그놈의 옆집 아들내미, 드라마 속 젊은 실장들은 대한민국에 왜 그리 많은지. 실컷 욕을 들었던 그날 저녁, 냉장고에 있던 소주 두 병을 안주도 없이 들이켰다. 집안 어른의 '귀머거리' 얘기는 지금이야 그냥 들어 넘기지만 그땐 정말 원망스러웠다. '힘내라', '잘할 수 있을 거야'라는 말을 듣고 싶었는데…. 사업한다고 하면 집에서 사업 자금 빼 간다는 걸로 오해하는 것이 가족이다.

그래도 가족에게 상처받는 건 양반이다. 2016년 10월에 만났던 한 스타트업 창업자는 내부의 적에게 제대로 탈탈 털렸다. 그는 피트니스 O2O Online to Offline 사업을 준비하던 중 소개로 알게된 또 한 명의 트레이너와 서로 얘기도 잘 통하여 공동 창업을 하기로 했다. 한 달 동안 준비를 마치고 사업 시작 전 마지막으로 여행을 다녀왔는데 일주일 후 여행에서 돌아오니 동업하기로 한 트레이너가 사정이 생겼다며 갑자기 사업에서 빠지겠다고 했다. 아쉽지만 알겠다며 보내 줬다. 그런데 그동안 준비한 아이템 중 자신이 개발했던 스트레칭법이 다른 경쟁 업체에서 먼저 안내되고 있었다. 게다가 동업하기로 했던 그 사람은 동영상 제작법을 몰라 준비 과정에서 친절히 알려 줬는데, 경쟁 업체에서 동영상 편집까지 하고 있었다.

열이 받아서는 그를 찾아가 따지고 들었다고 했다. 알고 보니 여행 가 있는 동안 경쟁 업체에서 스톡옵션까지 제안하며 그를 낚아채 간 것이었다. 다른 건 몰라도 스트레칭법에 대한 저작권은 받아 내야겠다고 했더니 특허 신청도 안 했고, 또 자신도 공동 참여한 것이니 '배 째라'는 식으로 나오더란다. 뒤통수 맞은 그에게 몇 개월 후 다시 연락해 봤을 땐 변호사 수임료가 더 들고 경쟁사가 이미 고객을 많이 확보했다며 포기한 상태였다.

이런 일은 책이나 영화, 드라마 속에서만 일어나는 게 아니다. 실제로 벌어지고 있는 것이다. 나 역시 여기서 자세한 얘긴 밝힐 수 없지만 크게 당한 적이 있다. 궁금하면 직접 찾아오시길. 난 만나겠다고 오는 사람들 안 말린다. 메일로 연락이 오면 웬만하면 시간을 내서 만난다. 어쨌든 단순히 같은 업종의, 고객 유치를 앞다퉈야 하는 코앞의 동종 업체만 적이 아님을 제대로 인식해야 한다.

잊지 말아야 할 것은 지금은 '충忠', '예禮', '의義'를 강조하던 조선 시대가 아니라는 점이다. 뭐 조선 시대에도 배신자들은 넘쳐났지만 사상 최대의 실업률을 기록하는 이 각박한 경제 현실에서 삶의 질이 아닌 '생존'이 걸린 문제를 두고 이런 일은 비일비재하다. 스카우트되는 사람들 대부분이 절대 공식적으로 밝히는 일은 없지만 다니던 회사의 장점 하나씩은 들고 나간다.

적군들이 고객만 빼앗는 줄 아나?

경쟁 회사에 대해 온갖 악성 루머와 말도 안 되는 소문을 퍼뜨려 빈사 상태로 몰아넣기도 한다. '너 망하면 나는 산다'는 본격 무개념 마인드가 넘쳐 난다.

2014년 모 물티슈 회사를 고객으로 유치해 1년간 일한 적이 있다. 업무를 진행하며 언론 보도도 늘어나고 고객사의 실적도 좋아졌다. 7월이 지나면서 대표가 재계약은 물론 대행료 인상 얘기도 슬쩍 흘려 기분이 좋았다. 그런데 8월 말 모 언론사의 악성 보도로 고객사 매출이 곤두박질쳤다. 추석 명절에도 집에 안 내려가고 사실이 아님을 알리느라 항변하고 뛰어다녔는데, 위기 상황을 수습하던 중 모 인터넷 쇼핑몰에서 1분 간격으로 고객사 제품 후기에 악성 댓글이 올라오는 걸 잡아냈다. 경찰 사이버 수사대에 수사를 의뢰하려 했지만 주변에서 말리는 바람에 못 했다. 그때 캡쳐해 둔 댓글 화면은 아직도 가지고 있다.

우여곡절 끝에 어느 정도 진정이 됐지만 고객사는 이미 빈사 상태가 되었다. 대한민국 물티슈 업계의 분위기를 보며 시쳇말로 '개념 탑재'라는 말이 왜 생겨났는지 그때 제대로 알았다.

동종 업계면 서로 협력해 시장 먼저 키운 다음 경쟁해야 하는데 전혀 그렇지 않다. 물티슈 업계만 그런 게 아니다. 대부분이 그렇다. 업력 10년 이상 된 회사는 그래도 적당히 돈도 있고 충성 고객들도 남아 있어 관성에 따라 어느 정도 굴러간다. 스타트업, 벤처 기업의 창업 시장은 더 살벌하다. 창업하면 모두 적이 되는 이유가 여기에 있다.

물티슈 회사와는 결국 재계약이 안 됐다. 씁쓸한 마음을 달래고 '그러려니' 하며 12월 말 마지막 업무를 보러 행사장에 갔는데 어떤 이상한 영감이 알은체하며 다가왔다. 물티슈 회사와 새로 계약하는 홍보 대행사인데 지금까지의 우리 회사 영업 비밀, 가장 중요한 데이터를 넘겨 달라기에 안 된다고 말했다. 재계약이 안 되니 사업이 실패했다고 판단했나 보다. 난 엄연히 다른 회사 대표인데 대놓고 내 영업 비밀을 알려 달라니?

이 영감은 이듬해에 다른 기자를 만나서도 '잘 아는 후배'라고 내 이름을 팔며 접근했다고 한다. 나 참 어이가 없어서…. 딱 두 번 만났고 말 섞은 건 5분이 채 안 된다. 물론 그 사이에 일어난 사건 사고들은 말할 필요도 없다. 지금도 그는 무개념으로 내가 다른 고객사 유치하는 일에 최선을 다해 고춧가루를 뿌리는 중이다. 요즘엔 나도 참을 만큼 참아서 그 영감을 어떻게 골탕 먹일까 궁리 중이다. 잊지 말자. 모두 적이다. 내가 잘될 때까진 모두 적!

적뿐 아니라
도둑도 우글대는 게 사업

말했다시피 사업을 시작하는 것은 나를 공격하는 적들이 판치는 세상으로 뛰어드는 것이다. 그러나 적들만 있을까? 내 아이템은 물론 '노오오오력'해서 만든 서비스와 재화를 날로 먹으려 드는 도둑들도 우글거린다.

앞서 언급한 쇼핑몰 사장에게서 2012년 7월 연락이 왔다. 휴대 전화에 뜬 그 사람 이름을 보며 10초 동안 별의별 생각이 다 들었다. '내 아이디어 날로 가져다 쓰면서 뭔 배짱이여? 이래야 돈 벌 수 있는 건가?'. 그래도 무슨 일인가 싶어 전화를 받으니 공정위에서 인터넷 쇼핑몰 댓글 조작 조치를 강화한다고 발표했는데 자기는 잘 모르니 대처법을 알려 달란다. 그래도 생각나는 사람이 나밖에 없었다며 급하다고 했다. 어머, 뻔뻔하셔라. 내가 무슨 당신 민원, 분쟁 해결 자판기야? 차분히 그리고 매우 친절히 답변해 줬다.

"계약서 도장도 안 찍고 대행료도 없이 왜 절 찾으십니까? 아, 참. 지난번에 제가 준 제안서 아이디어 말도 없이 막 쓰고 계시네요. 저작권 침해 피해 보상 소송 준비 중이니 그리 아세요."

일주일 뒤 그 쇼핑몰에 접속해 보니 민첩하게도 내 아이디어는 싹 지워져 있었다. 물론 그 뒤로는 연락이 없다. 아직 휴대 전화에서 그 사람 이름을 안 지운 것은 또 무슨 짓을 하나 보기 위해서다.

치졸해 보이겠지만, 나름대로 이유가 있다. 전쟁과 같은 비즈니스 현장에서 아군도 믿지 못하는 경우를 겪었기 때문이다.

나만 몰랐던 쇼핑몰의 악명을 확인해 줬던 컨설턴트와는 나름대로(?) 제휴를 맺었다. 임의로 이 컨설턴트를 A라 칭하겠다. 쇼핑몰 소개받는 조건으로 몇 달간 A 회사의 PR을 챙겨 주기로 한 것이다. 긍정적인 보도 자료를 만들어 몇 건이 기사화되자 A는 되게 좋아했다. 그리고 자기 얘기를 기사로 더 나오게 해 달라며 기자 소개까지 요구했다. 뭐 어렵지 않은 일이니 창업 담당 기자와 식사 자리를 마련해 줬다.

2주 후 고맙게도 한 업체를 소개받았다.

이 업체는 편의상 B로 칭한다. 고마운 마음에 덜컥 일을 손에 잡았지만 자금 사정이 말이 아닌 곳이었다. 그래도 노력과 성과에 따라 받을 대가는 받아야 했기에 정말 주인 의식을 가지고 일했다. 2주 동안 궁리하고 머리를 쥐어짜서 B 업체를 겨우 숨통 트이게 만들어 났다. 그때의 스트레스란 이루 표현하기가 어렵다. 내 사업도 안정적이지 못했는데, 남의 일까지 발 벗고 나선다는 것 자체가 무리였지 않았을까?

한숨 돌릴 때쯤 정신을 차려 보니 A는 자기가 맡기 힘들었던 업체를 '소개'라는 명목으로 내게 넘긴 것이라는 생각이 들었다. 물론 그는 자신의 컨설팅 비용은 챙겼다. 바로 그 이유로 B 업체는 컨설팅에 대가를 지불하는 것에 무척 주저했다. 효과 없는 컨설팅에 무리한 비용을 썼으니 A에 대한 반감은 물론 나까지 한패로 오해를 받았다.

내 입장에서 A는 돈도 안 되는 골칫덩이를 내게 밀어낸 것이었다. 어쨌든 내겐 첫 번째 고객사였기 때문에 열심히 머리를 쥐어짜 컨설팅을 시작했다. 처음에는 노력이 가상했던지 어려운 형편에도 비용을 부담했다. 그런데 시간이 지나자 남편이 막노동 뛰면서 일할 정도로 어려운 상황이라고 사정을 봐 달라고 이메일을 보내 왔다. 어쩌면 일을 시작했을 때부터 예상이 되던 그림이었다. 난 쿨하게 "돈 안 받을 테니 꼭 일어서시라"고 덕담을 했다. 상대도 언젠가 갚겠다는 말로 응했다.

그래도 그동안 기울였던 노력만큼 속이 쓰렸던 건 어쩔 수 없었다.

상황을 A에게 토로하니, 냉정한 답이 돌아왔다.

"그건 당신이 알아서 할 일"이란다. 미치고 환장할 뻔했다.

그 와중에 A는 추석 명절에 내가 지방에 내려가자 경남 하동에 있는 쇼핑몰 회사를 대신 살펴보고 올라와 달라고 했다.

A가 밀어낸 것을 치우고, 분리수거하는 사람 취급을 받았는데 난 그때까지도 눈치를 못 채고 있었다. 무려 일곱 달 동안이나.

난 바보 천치, 미련 곰탱이였다.

쇼핑몰에 대해 평가한 A의 말은 믿었지만, A라는 사람 자체에 대한 평판 조사가 부족했다. 왜 불길한 예감은 틀린 적이 없을까.

몇 달 후 그와 거래가 있는 쇼핑몰과 주위에 있는 사람들에게 확인해 보니 그도 참 비범한 인물이었다. '난 착한 사람이니까 당신들이 대가 없이 대접해야 한다'는 식의 가치관을 주위에 강요한다는 평가다. 그에게 컨설팅을 받았던 쇼핑몰 대표들 절반 이상도 A 컨설턴트의 명성에 속아 돈만 낭비했다고 입을 모았다. 난 자연스레 A를 멀리하게 됐다.

이런 경우는 그냥 웃으며 넘어갈 수 있다. 때로는 상대를 애써 배려하려던 선의가 권리나 의무로 돌아오기도 한다.

2012년 10월, 결제해 줄 돈이 없어 남편이 노가다까지 뛴다는 B 업체에서 갑자기 연락이 왔다. 재계약이 안 돼 한참 동안 교류가 없었던 시절이다.

'어? 돈 없어서 폐업한다는 사람이, 왜?'

무슨 일인가 보니 자기가 운영하는 블로그에 연예인 사진을 무단으로 올려서 소속사로부터 내용 증명 우편을 받았다는 것이었다. 돈 없다고 계약 끊고 폐업하겠다던 사람이 블로그까지 운영해? 나 원 참. 더 가관인 것은 방귀 뀐 놈이 성낸다고 자기들이 오히려 연예인 홍보해 준 거 아니냐며 언론에 고발할 것이라며 방방 뛰고 있었다. 그럴 거면 직접 제보나 하지 나한테 왜 연락했냐고 물어보니 대답이 걸작이다. '그래도 대표님은 이런 일을 중간에서 잘 처리하니 소속사와 얘기해 달라'는 거다. 저절로 목 뒤에 손이 가 마사지를 시작했다.

미우나 고우나 내겐 사업 첫 고객이었기에 예의를 갖추려 했다. 그런데 타고난 성격상 한계가 있었다. 사라져 가는 내 시간은 생각도 하지 않은 채 쏟아지는 막말 수다에 결국 폭발했다.

"직접 언론에 제보한다면서요. 하세요. 하겠다고 했으면 하면 되지 왜 저한테 전화하십니까? 그리고 돈 없어 폐업하겠다고 한 사람이 아직도 영업 중이네요. 아직 지급하지 않은 대행료는 갚는다고 메일 보냈잖아요. 그거 어떻게 할 겁니까?"

힘든 사람 좀 도와주면 안 되냐고 물을 수 있다. 그럼 나는? 난 힘들지 않고? 내가 더 힘든 상황일 수 있는데 상대는 이 점을 생각하지도 않는다.

사업을 시작하면 이런 일이 넘쳐난다. 기가 막히는 것은 대통령이 '저기 바보 있다'고 신년 연설한 것도 아닌데 남의 것을 날로 먹으려는 도둑들이 귀신 같이 창업 초기인 걸 알고 찾아온다. 왜 그럴까? 지금은 어느 정도 해답을 찾았다. 창업 6년 차 들어서고 나니 초보 사장 티가 팍팍 나는 사람들은 내 눈에도 들어온다. 쉽게 말해 이제 막 사업을 시작한 당신은 도둑들에게 '날로 잡수시오~'하고 있는 것이다. 그럼 초기 창업자에게만 이런 일이 있을까? 아니다. 도둑을 넘어 '화적' 수준인 곳은 연차, 업체, 상대방 안 가리고 덤빈다.

2015년 소개받아 계약했던 모 순대국 프랜차이즈는 한 달 치 대행료만 주고 두 달 만에 일방적인 계약 해지 통보를 날렸다. 마지막이 좋아야 좋다는 지론 때문에 조용히 대화로 풀려고 했다. 담당 이사는 마지막 회의 자리에서 사과의 말과 함께 월말 대행료 입금을 약속했다. 그런데 한 달 두 달이 지나도 입금 소식이 없었다. 연락할 때마다 주겠다는 대답은 했다. 석 달이 넘어가자 문자, 카카오톡도 대놓고 씹는다. 참다못해 없는 돈을 긁어모아 변호사를 고용해 법원으로 넘겼다. 3주 만에 대행료 지급 판결 결정. 그런데 통장 추심에 들어가니 잔고가 제로다. 심지어 국민 건강보험공단에서도 그 회사 직원들의 건강보험료 지급 건으로 추심에 들어가 있었다. 다른 통장도 마찬가지였다. 변호사 사무실을 통해 연락해도 배 째라는 식이었다. 2년이 넘은 지금도 미수금을 안 주고 버티는 중이다. 문자, 카카오톡을 수십 번 보내도 여전히 답이 없다. 법원 판결은 이제 '배 째고 등 따'는 수준으로 업그레이드되어 있다. 뻔뻔한 의지로 무장한 불굴의 한국인을 이렇게 만날 줄이야. 그래 놓고 지금도 당당하게 우리 프랜차이즈는 잘된다고 가맹점 모집 중이다.

사업을 시작하면 나를 날로 먹으려는 도둑들이 우글댄다. 서비스와 제품을 헐값에 넘기라는 사람들과 아이디어 도용, 어떻게든 돈 안 주려고 최선을 다하는 도둑들이 도처에서 기다린다. 내가 무슨 횟집 하나? 무조건 날로 먹으려 드는 거야! '나'를 당신 자신이라 여기면 딱 맞다. 급할 때 도와 달라고 하는 것을 '무료 봉사'로 착각하는 경우는 기본, 잘되면 비용을 주겠다고 약속하고 홀랑 빼먹는 먹튀, 의기투합했는데 뒤통수 때리는 얌체, 기본 안주만 시켜 놓고 계속해서 서비스 달라는 빈대, '진상 고객'으로 불리는 무개념들은 언제고 당신을 등쳐 먹기 위해 호시탐탐 기회를 엿본다.

작정한 도둑놈만 있는 게 아니다. 이른바 '읍소형', '불쌍형' 이미지로 무장해 나는 불쌍하니 당신이 도와줘야 살 수 있다며 야금야금 뜯어가는 도둑과 꽃뱀, 화적들도 넘친다. 이런 도둑들은 자기들이 도둑인 줄 모르는 게 함정이다. 그런데 그들이 도둑인 줄 모르고 '그 사람, 그 회사, 그 고객은 절대 그럴 리 없다'고 항변하며 계속 뜯기는 게 더 큰 함정이다. 이런 과정을 거치면서 나까지 '공짜', '싸게'를 외치며 도둑 심보로 같이 물들어 간다.

창업 후 적군에게 시달리면 당연히 열 받는다. 그래도 적군에게 당하면 지인과 한잔하며 '무개념', '안드로메다', '부도덕'을 끄집어내 욕이라도 할 수 있다. 그런데 도둑들한테 당하면 어디 가서 말도 못 한다. 속상해서 지인들에게 말하면 '내가 바보'라고 공지하는 것이기 때문이다. 결국 혼자 답답해하고 끙끙 앓으면서 스트레스가 쌓여 간다.

참고로 난 '창업 화병'이라 일컫는 증상이 나타나 영업, 매출, 직원, 거래처 생각만 해도 답답함에 잠을 못 이룬다. 여기에 적군들에게 당한 스트레스까지 더해지면 불면의 밤은 더 길어진다. 억지로 자려고 마신 술 한두 잔이 서너 병으로 늘고, '나는 왜 이럴까'란 자책감이 쌓인다. 창업 후 6년이 된 지금까지 2017년을 제외하곤 매년, 매 분기 열심히 도둑질을 당했다. 어디 소개시켜 준다는 사람한테 코가 껴 아이디어만 뺏기고, 술값 퍼 주고…. 2013년이 제일 심했는데 지금도 도둑들한테 당한 생각만 하면 이불킥이다.

2015년 1월은 전국 농협 조합장 선거로 대한민국이 떠들썩했다. 각종 부정 청탁, 봉투 등 최악의 조합장 선거로 평가받았다. 출근하는데 2012년 연락을 끊었던 컨설턴트 A가 아침 8시부터 전화를 걸어 댔다. 휴대 전화에 뜬 이름을 보면서 '내가 더 이상 자기와 거래 안 하고 연락 끊은 이유를 분명히 알고 있을 텐데… 어지간히 급했나 보다'란 생각을 했다. 전화를 받자 '잘 지내냐'는 딱 한마디 후 다짜고짜 아는 기자를 소개해 달라고 했다. 무슨 일인고 하니 친오빠가 전라북도 어느 지역의 농협 조합장 선거에 출마했는데 상대 후보가 부정을 저질렀다는 것. 당선 무효 상황인데도 선관위는 상대방에게만 유리한 유권 해석 중이라며 변호사를 선임해 놨다고 했다. 당장 내일 중으로 막아야 하니 친한 법조팀 기자를 소개해 자신들의 억울함(?)을 풀어 달라는 게 식전 댓바람부터 전화를 건 이유였다. 내가 무슨 기자 자판기야?

결국 법정으로 간다는 건데 기자가 기사를 쓸 땐 양쪽의 사실 관계를 확인하고 최대한 팩트에 맞게 써야 한다. 이런 일은 국가 대표 초특급 홍보 담당자도 방법이 없다. 더군다나 하루 만에 어떻게 법조팀 기자를 찾아가 하소연하나? 답이 없다는 것을 알려 주니 왜 이리 야박하냐면서 투덜댄다. 욱하는 감정이 올라왔지만 오죽하면 내게 전화했나 싶은 '측은지심'에 다시 한 번 같은 설명을 하고 전화를 끊었다.

2017년, 글을 쓰는 지금도 역시 도둑들이 창궐 중이지만 이전의 경험을 교훈 삼아 언제나 머릿속에 심어 두고 있다. 같은 실수를 하는 날엔 또 망한다는 생각으로 정신 차리고 마음을 다잡으며 도둑들에게 유연하게(?) 대응 중이다.

실패, 어디까지
알아보고 오셨나요?

창업을 결심한 후 사업 실패를 생각하는 사람은 절대 없다. '성공'이란 정의가 모호하지만 대부분 재벌 총수 혹은 스티브 잡스 정도의 성공까진 바라지 않는다. 가장 낮은 급(?)은 월급쟁이 시절보다 돈 많이 벌고, 해외여행을 어디까지 가고, 이런 수준이다. 절대 실패는 생각지도 또 예상치도 않는다. 창업자 백이면 백 '잘될 것이다' 혹은 '반드시 성공한다'는 생각으로 시작한다.

어쨌든 머릿속에 '실패'는 없다. 다만 성공으로 이르는 '과정'에서 벌어질 '실수'에 대한 대비(?)만 하고 있을 뿐이다. 그런데 최소한 내가 목격한 바에 의하면 '실패'란 단어를 언제나 염두에 두고 사업하는 사람들이 경영을 안정적으로 이끌었고, 나중에는 더 잘되는 걸 보았다. 왜일까? 나도 그 이유를 똑 부러지게 말하기는 어렵다. 다만 그동안 만난 이 같은 창업자들의 공통점은 실패를 염두에 두고 잘 안될 경우를 대비하고 있었다. 만약을 대비해 차선책, 플랜 B를 준비하고 언제 바뀔지 모를 환경에 적응하기 위해 스스로 채찍질하고 있었다. 또, 다른 실패 사례를 보고 참담함을 겪지 않으려고 '노오오오력 + ing'하는 모습이다. 쉽게 말해 다각적으로 검토하며 준비했기에 '상처', 이른바 '데미지'가 덜하다고 할까?

2016년 2월, 2년 동안 일하던 사무실 집기를 처분하던 날. 그 심정은 말로 표현 못할 정도였다. 주문한 책상과 서랍장, 의자 등이 처음 들어왔을 때 직원과 짜장면을 먹으며 조립했던 기억이 떠올라 울컥했다. 중고 처분하는 사람이 '우리가 비싸게 쳐준 겁니다' 우스갯소리를 할 땐 나도 모르게 '지금 회사 망해서 집기 처분하는 사람한테 뭔 소리요?!'하고 쏘아붙였다. 그리고 옆에서 마지막 직원이 보고 있단 걸 알아차린 순간 '아차'하여 부끄러웠다. 그날 저녁 집에서 강소주를 들이키며 내가 왜 실패했을까 자책하고 원인을 찾아봤지만 답은 나오지 않았다.

창업은 성공을 위한 시도다. 성공으로 향하는 길은 어려울 수 있으니 잘하겠다는 다짐은 누구나 한다. 그런데 실패라니, 내가 실패하다니…. 1년이 지나고 나니 어렴풋이 알 것 같다. 결론은

'목표'만 보고 앞으로만 가려고 해서 벌어진 일이란 것이다. 쉽게 말해 나처럼 영업이 안돼 빚지고 사무실 닫고 집기 팔고 길거리로 쫓겨나는 '최종 폭망'만 실패로 알려진다. 최종 폭망까지 이르는 과정에서 겪은 조그마한 실패, 보통 '실수'라 표현하는 그것도 사실 실패라면 실패였는데 그냥 지나친 것이다.

영업, 매출 확보, 직원 관리, 사무실 운영 등에서 나타난 실수라고 생각하는 일도 실패로 봐야 한다. 실수를 했으면 이를 고쳐야 하는데 대부분이 그렇듯 교훈도 없이 지나친다. 아니 그러려니 하고 만다. '살다 보면 이럴 수도 저럴 수도 있지, 젠장'. 여기서 한 가지 물어보고 싶다. 얼마나 실패를 준비했나? 얼마나 실패에 대비했나? 실패의 처참한 순간을 머릿속에 그려 본 적 있나? 이에 초기 창업자들은 대부분 아무 말도 못 한다. 왜? 실패는 내 사전에 없으니까. 나폴레옹인가? 그러다 물음에 기분이 나빠지면 '열심히 하면 된다. 그리고 난 계획과 노력을 잘 매치해 반드시 성공할 것이다'란 모범 답안이 나온다.

2015년 새해가 밝았을 때다. 겨우 프로젝트성 짧은 PR을 맡기는 고객사 두 곳만 남고 아무것도 없었다. 영업을 해야 했지만 새해여서 잠시 쉬고 가야겠다고 생각했다. '급할수록 돌아가라'는 속담이 이런 때 쓰는 말 아니냐며 스스로를 격려했다. 미쳤군. 설 명절을 쇠고 올라왔다. 그때부터 '외상'과 '빚'만 늘었다.

그래도 이건 과정 중 하나라고 생각했다. '다들 이런 경험 하나씩 있잖아? 한 번쯤은 어려움이 찾아온다는데 지금이군. 지금만 넘기면 잘될 거야'라며 스스로를 위로했다. 통장에 몇억씩 둔 선배들이 '그때만 지나면 돼'라고 했던 얘기에만 집중했다. 여기에 더해 계약 후 대행료 지급은커녕 외상 달며 힘들게 사는 스타트업, 벤처 기업을 생각했다. '저 사람들은 적자지만 난 그래도 직원들 월급은 제대로 주잖아?'. 자기도 빚잔치인 주제에.

이것이 실패다. 과정이라 할 수 있지만 큰 실패가 아닌 작은 실패다. 명백한 실패! 꼭 심야에 칼 든 강도에게 찔린 것만 상처인가? 과일 깎다 손 베인 것도 상처다. 그런데, 대부분 강도한테 찔린 것만 상처로 착각하는 것도 같은 이치다. 서비스나 상품을 제값 받으면서 제공하고 고객도 만족할 방안을 찾는 게 최선이다. 그러나 그건 '이상'이지, 현실은 다르다. 고객과 내가 모두 만족하는 방안을 찾다 보면 마찰이 발생한다. 이 마찰도 작은 실패다. 실패는 극복해야 하는 것이다. 연구와 분석을 통해 최적의 방안을 만들어 내야 한다.

직원이 말을 듣지 않는다, 혹은 나와 생각이 다르다. 말다툼은 기본이고 지시에 따르지 않는다. 그럼 고민과 궁리를 거듭해 잘 따라올 수 있도록 좋게 타이르거나, 잘못한 점을 정확히 지적해야 한다. 이것도 아니라면 내 잘못이기 때문에 자신을 고쳐야 한다. 이런 조그만 실패를 못 막으면 폭망이다.

2015년 1월 직원들과 점심을 먹던 중 내가 말실수를 했다. 당시 심리 상태가 말도 아니어서 날 이해해 주겠거니 하며 직원들에게 별생각 없이 말했는데 한 직원이 듣기 싫었는지 밥상머리에서 그만 좀 하라고 성질을 냈다. 반주도 한잔했겠다, '어? 이것 봐라? 잘해 주니 기어올라?'하는 생각에 숟가락 던지고 사무실로 들어갔다. 말다툼은 없었지만 감정이 오를 대로 오른 직원은 당장 때려치우겠다고 했다. 맘대로 해라! 솔직히 그땐 몰랐다. 직원 잘못 뽑은 실수, 내 감정 추스르지 못한 실수 정도로 생각했다. 그러나 1년이 지나니 알겠더라. 100퍼센트 내 잘못이었다. 지금도 그때 생각만 하면 이불킥 정도가 아니라 쥐구멍으로 들어가고 싶다. 그 친구가 퇴사한 뒤 최악의 직원만 남아 폭망의 KTX 운행이 시작됐다. 이게 실패가 아니고 뭐가 실패란 말인가? 곧바로 고쳤어야 했는데, 뭔 똥배짱인지 바꾸지 않았다.

실수라고 부르는 '작은 실패'를 교훈, 반면교사 삼아 바꾸지 않으면 처참하게 망한다. '지속가능한 빚'을 창출하며 '저 녀석은 예전부터 아니었어', '당신 같은 고객들은 널렸어. 내가 안 찾는 것이지', '두고 보자. 이 갑질 수모는 다른 고객 유치해서 반드시 갚는다', '언젠간 잘될 거야' 따위의 생각만 한다. 누군가 나에게 망한 이유 중 가장 큰 걸 꼽으라면 '실패를 알아보지 못했다'를 1번으로 선택할 것이다.

폭망의 KTX가 운행되기 시작한 2015년, 그때의 생각은 이랬다. '꾸준히 성실하게 일하면 고객들이 올 것이다', '열심히 고객을 찾아보자' 딱 두 가지. 아무리 발버둥 쳐도 안 되는 것은 어쩔 수 없지만 그런 경우를 제외하고는 재계약이 안 된 이유를 찾아서 고쳐야 했는데 전혀 그런 노력은 없었다. 오히려 '잘되면 올 하반기에 직원들과 제주도 워크숍을 갈 수 있다'며 계획을 짜고 있었다. 미쳐도 단단히 미친 거지, 암!

이런 경험이 있다 보니 한참 힘들어하고 돈 못 버는 창업자, 스타트업 CEO들을 만나면 보이는 게 있다. 예전의 내 모습과 똑같다. '투자받으면 이런저런 생산 설비와…', '언젠가는 잘…'. 그 언제가가 '언제'인가? 그들에게 물어보니 '2020년 1월 보라카이 바닷가에서 직원들과 워크숍을…' 이런 얘기만 한다. 힘들 때 잠시 고개 돌려 희망을 바라보는 건 좋은데 당장은 어떻게 할 거냐고!

일단 돈 빌려서 일어서면 된다? 매출만 있으면 은행 대출 잘되니 걱정마라? 그건 삼성그룹, 현대그룹 창업주인 故 이병철 회장, 故 정주영 회장 시절에나 적용되던 얘기다. 그 시절은 농업 기반 사회였다. 당연히 사업이 크는 업체가 있으면 돈 빌려 쓰라며 은행이 굽신대던 때다. 지금은 비슷한 아이템으로 사업하는 사람들이 널렸다. 금융권 PR 담당자를 만났더니 스타트업, 벤처 기업에 돈 빌려주는 거 짜증난다고 하더라. '빚도 능력'인 시절은 1998년 IMF 사태로 끝났다. 그런데 다들 1980년대의 창업, 경제 신화, 성공 자서전을 보고 21세기를 준비한다. '정주영 회장이 500원짜리 지폐로 영국에서 돈을 빌려다가 조선소를 만들고 지금의 큰 그룹으로 일궜다더라'. 그놈의 성공 신화 착각은…. 중소기업청 자료에 따르면 20~30대 청년 창업이 확대되고 있다고 한다. 현재의 스타트업, 벤처 기업 창업자들이 500원짜리 지폐를 본 적은 있을까? 마흔 넘은 나도 어릴 때 한두 번 본 기억밖에 없다.

어쨌든 창업 이후 지금까지의 과정을 되짚어 보시라. 실수라고 여긴 것을 돌아보고 뜯어봐야 한다. 그것도 작은 실패였다. 작은 실패를 수정하지 않으면 인생 실패로 떨어진다. 고객과의 분쟁에서 해결책은 무엇인가? 영업이 부진하다면 가격과 소비자 타깃 책정 오류 혹은 프레젠테이션 방식이 잘못된 것 아닐까? 이런 실수를 하나하나 세심하게 확인하고 수정해야 망하지 않는다. 다시 말해 큰 실패가 두렵다면 눈앞에 벌어진 작은 실패를 예상하고 그에 맞게 대비해야 한다는 소리다.

'내 사전에 불가능이란 없다'는 건 나폴레옹 얘기다. 18세기에 태어나 19세기에 죽은 사람, 프랑스가 이탈리아로부터 빼앗은 섬 코르시카 출신으로 시민 혁명 시대에 기회를 이용해 황제까지 오른 포병 장교의 얘기란 말이다. 인터넷도 없던 시절, 40킬로미터를 하루 종일 걸어서 옆 도시에 방문하던 시절이었다.

지금은 2017년이다. 21세기에 진입하고도 20년 가까이 됐다. 인터넷이 생필품인 시대이고, KTX를 타면 40킬로미터가 넘는 광명에서 천안아산까지 20분이면 간다. 이 시대에 살면서 '내 사전에 실패는 없다'고 절대 생각 마라. 그럼 분명 '내 사전엔 반드시 실패만 있다'로 바뀐다.

'내 사전에 실패도 있을 수 있으니 난 이렇게 준비해야 한다'고 생각해 봤나? 창업 후 운영 과정에서 생기는 실수를 실패로 인정할 수 있나? 대부분 아니라고 얘기한다. 그럴 줄 알았다. 어서 와라, 망할 준비는 되어 있나?

정상에 오른 사람들은 그냥 올라간 게 아니다

지난밤 야근하고 집에 오니 새벽 1시다. 5시간밖에 못 자고 일어나 머리가 어질어질하다. 오늘은 쉬고 싶다. 그래도 어쩌랴, 출근해야지. 전쟁터 같은 신도림역에서 사람들 틈에 껴 지하철에 오른다. 하루에도 수십 번 회사를 때려치우고 싶지만 먹고 살아야지. 힘들게 출근하니 또 짜증난다. 뭐 잘한 게 있다고 윗대가리들은 나한테 화풀이다. 그걸 그렇게 하면 어쩌냐면서….

그럴 거면 자기가 하지.

거래처 직원에게서 연락이 왔다. 나이도 한참 어린 게 갑질이다. 어휴, 짜증 나! 점심 먹고 들어오니 이젠 옆 팀에서 무개념 직원이 일을 벌여 놨다. 미치겠다. 우리 팀 후배는 그렇게 가르쳐 줬어도 바빠 죽겠는데 뭘 자꾸 물어보러 온다. 이걸 그냥 확!

스마트폰으로 오늘 못 본 야구 기사를 찾아봤다. FA 100억 시대. 100억 몸값 충분히 했다며 선수 칭찬 일색이다. 2군에서 몇년 고생하다 스타로 발돋움한 선수를 응원하는 댓글투성이다. 회사에서는 나도 비슷한데 왜 윗대가리들은 격려보단 짜증만 낼까.

순간 몇 년 전 NC 구단주 엔씨소프트 김택진 대표가 '내 재산만 가지고도 프로야구단을 100년은 운영할 수 있다'고 했던 얘기가 떠오른다. 별거 아닌 것 같은 게임 사업으로 돈 많이 벌었네. 요즘 게임 보면 제대로 된 거 없는데…. 제대로 만들어서 좀 바꿔 보고 싶은데…. 그나저나 내가 어릴 때 생각하고 원한 인생은 이게 아닌데…. 창업… 나도 내 일 한번 해 볼까?

'IT 개발자'를 예로 1인칭 주인공 시점에서 적어 봤다. 자신의 분야에 비슷하게 대입하면 된다. 김광석의 〈서른 즈음〉에서 나이만 바꿔 부르듯이. 각설하고, 창업한 사람들 중 시작 전에 이런 생각 한 번이라도 하지 않은 사람은 없을 것이다.

뜻한 바를 이루고 뭔가를 바꾸겠단 큰 뜻을 품고 사업에 뛰어든 사람도 있을 것이다. 가끔은 떠밀리듯 창업의 길로 나선 경우도 존재한다. 내가 그렇다. 청력을 상실한다는 진단에 겁먹고 퇴사해 먹고 살 게 없어서 사업을 시작한 경우다.

케이스는 다양하지만 어느 쪽이건 아무 생각 없이 시작한 건 매한가지다.

소비절벽, 불황, 최악의 경제 상황, 비선 실세 국정 농단 등 최악의 상실의 시대를 살고 있지만 찾아보면 성공한 사람들이 여기저기 넘쳐 나는 '성공 시대'이기도 하다. 언론에서는 하루도 빠짐없이 각 분야에서 성공한 이들의 인터뷰 기사를 풀어낸다. 한국언론진흥재단 소속 중앙매체 수는 방송, 신문 다 합하면 대략 50개 정도다. 지방지, 전문지까지 합하면 포털 사이트에서 인터뷰 기사로 만날 수 있는 성공한 이들은 하루에 100명 정도. 1년이면 도대체 대한민국에서 성공하는 사람들이 얼마나 많은 것인가? 예능, 교양 프로그램에 나오는 맛집 사장, 성공한 사람들까지 합하면… 이하는 생략한다. 이런 성공 모델, 특히 자신과 비슷한 업종에서 자리 잡은 사람들을 보면 별거 없는 것 같다. 나도 충분히 할 수 있을 것 같다. 이것저것 보완하면 금방 따라잡을 수 있을 것 같다. 천만의 말씀!

성공한 사람들에 대한 기사만으로는 그들이 그 자리에 오르기까지 어떤 역경과 최악의 상황을 겪었는지, 어떤 실패와 어려움을 경험했는지 절대 알 수 없다. 성공한 사람들이 말하는 고난은 당신이 직접 경험하지 못한 것이다. 앞서 얘기한 성공 사례가 당신의 얘기가 아니듯 그 사람이 무슨 일을 겪었는지 당신은 전혀 모른다. 책 몇십 장, 60분 남짓한 TV 프로그램에서 보고 들은 게 전부다.

실제로 사업을 시작하면 장밋빛 꽃길은 없다. 아니 있기는 하다. 머릿속에만…. 현실은 지옥이 어디인지 매우 잘 느껴진다. 매일매일 지금 걷고 있는 곳이 지옥 근처 아니면 그냥 지옥이란 느낌을 받는다. 하루하루 맨발로 비포장도로 위를 걷는 기분이다. 가끔 부드러운 흙길을 만나면 편하지만 대부분은 돌멩이가 삐죽 튀어나와 있다. 길 상태를 보며 피해서 가고 잠시 쉬기도 해 보지만 등에 업은 책임 때문에 아파도 다시 걷는다. 등에 업은 '3대 책임'은 대출금, 직원 월급, 주변의 시선이다. 대출 이자 갚는 날과 월급날은 왜 그리 빨리 오는지. 특히 월급날은 받는 입장이었을 땐 되게 더디게 돌아오는 것 같았는데, 입금하는 입장이 되니 진짜 금방 돌아온다. 주변에서 바라보는 시선은 짬뽕이다. '안 될 거야'라는 사람들에겐 '아니다!'를 보여 주고 싶고, 격려하는 사람들에겐 잘돼서 나중에 보답하고 싶고, 조울증이 생길 것 같다.

어쨌든 창업하려는 사람들은 이른바 성공한 사람들이 현재도 '천 리 가시밭길 행군ing'라는 사실을 모른다는 게 함정이다. '성공'의 'ㅅ' 근처에도 못 간 나도 이 글을 쓰면서 고객사를 생각하면 머리가 터진다. 지금도 긴장의 연속이다. 글을 정리하는 중에 고객사에서 전화라도 오면 죄 지은 것도 아니고 태업한 것도 아닌데 가슴이 덜컥 내려앉는다.

2016년 2월 폐업. 돈 한 푼 못 받고 고객사였던 곳과 합하기로 했다. 창업주는 R&D만 하고 나머지 영업, 마케팅, 경영은 내가 맡기로 했는데 몇 달간 일했지만 답이 안 나왔다. 결국 내가 좋아하고 잘할 수 있는 일인 PR로 복귀해 6월에 사업자 재등록을 했다. 선배 찬스로 마지막 자금을 마련하고 6월 중 고객사 두 곳을 영입, 10월에 또 한 곳과 계약을 했다. 그 사이 간간이 프로젝트도 진행했다. 그렇게 일곱 달 동안 누적 부채 중 대부분을 상환했다. 약 아홉 달 동안 있던 일이 달랑 몇 줄로 정리된다. 절대 내 자랑이 아니다.

지금도 정상 운영은커녕 재기 중에 이제야 빚 갚고 다른 일을 상상할 수 있을 만큼이 되었다. 여기까지 그냥 온 게 아니다. 그 생각만 하면 아직도 스스로가 불쌍해진다. 최악의 무더위였던 2016년 8월, 온몸이 땀에 젖어 집에 들어가며 시원한 맥주 한잔이 간절했다. 편의점 앞 의자에서 땀이 송골송골 맺힌 사람들이 캔 맥주를 마시고 있었다. 침이 절로 꿀꺽 삼켜졌다. 그러나 수중엔 2500원이 없었다. 매달 200만 원씩 부채를 상환하던 때라 허투루 돈을 쓰지 못했다. 그냥 집으로 들어가 물만 들이켰다.

골초인 나는 매주 월요일 저녁 6시면 '수제 담배'를 제작했다. 두 시간 고생하면 일주일 치 담배가 만들어졌다. 맛도 없고 독하기는 왜 그리 독한지. 폐업 전에는 상상도 못 한 일이다. 당시 바랐던 단기적(?) 소원은 딱 두 가지였다. 마음대로 맥주 사 먹고, 담배 사 피우는 것. 몇 달간 단골 카페도 못 가서 카페 사장은 내가 이사 간 줄 알았다고 했다. 2016년 5월부터 12월까지 있던 일을 얘기해 주면 지금 재기 중인 사람이나 창업자, 언론인들이 고개를 끄덕인다.

'나도 그쯤은 알고 시작했다. 인내심 가지고 천천히 할 건데 무슨 상관이냐'고 할지 모른다. 그러나 똑똑히 새겨야 할 것이 있다. 지금 당신이 생각하는 '인내'는 금방 한계가 드러난다. 재수 없는 소리로 들릴지 모르지만 당신은 아직 지옥의 불구덩이 참맛에서 100킬로미터 떨어진 곳에 있다. 아주 평온한 파라다이스에 있는 것이다. 사업 시작하면 '고통'이란 단어로 표현되지 않는 무언가가 사장 명함이 나온 한 달 후부터 찰싹 붙는다. 천 리 가시밭길 행군이다. 비포장도로를 맨발로 걷는 것은 성공한 사람 얘기고 당신은 탱자나무 가시가 가득한 길을 걷게 된다. 가뜩이나 힘든데, 딱 달라붙은 무언가가 365일 나를 흔든다. 스트레스 받아 잠시 정신 줄을 놨더니 네 살짜리 조카 열 명이 집 안을 엎어 놓은 것 마냥 모든 게 '개판 5분 전'이다.

정상에 오른 사람들은 그냥 쉽게 올라간 것이 절대! 아니다. 이보다 더한 상황을 극복하고 올라간 것이다. 정상에 올랐다지만 그들은 아직도 행군 중이다. 쉽게 말하면 50분 행군하다 10분 휴식 중인데 당신들은 그 10분의 휴식을 모든 것으로 보고 쉽게 생각하는 것이다. 특수 부대, 멋지지. 〈007시리즈〉 제임스 본드도 눈짓만 하면 여자들이 넘어가지. 여름이면 군살, 똥배 없이 자신 있게 비키니 입은 여자들이 몸매 자랑하지. 당신이 부러워하는 그것들은 그들도 그냥 얻은 게 아니라고 말해 봐야 다들 아는 사실이기에 입만 아프다.

사업을 시작하고 몇 달간 고생하다 드디어 서비스 계약을 체결했다. 야, 신난다! 동업자, 직원과 착착 준비했다. 계약 소식에 지인에게서 돈을 조금 더 빌린다. 한 달 안에 입금할 테니 걱정 말라며. 한 달 후, 납품하려는데 고객사에서 사정이 생겼다며 계약을 파기하자고 나온다. 이쯤 되면 미친다. 빌린 돈 갚는 건 고사하고 당장 생활비, 카드 값 메꾸는 게 우선이 될 수도 있다. 저축은행이나 사금융 광고에 계속 눈이 돌아간다.

계약을 해지하자 했을 때 위약금이라도 준다면 매우 바른 경우다. 도장 찍고 나서 일방 파기하면서도 오히려 말도 안 되는 근거를 들어 피해 보상 운운하며 협박하는 경우도 있다. 말도 안 된다 하겠지만 널렸다. 언론에서 말하는 '갑질'이 살아 숨 쉬는 자본주의 경제 생태계의 현실이다.

스티브 잡스? 자기가 설립한 회사에서 쫓겨났다. 구글 공동 창업자? 야후에 인수 제안했다가 거부당했다. 알 만한 사람들이 겪은 실패 사례 중 대표되는 것 하나씩을 고르니 딱 두 줄이다. 그렇다 보니 초기, 예비 창업자들은 두 줄 속에 숨은 무시무시한 고난과 고독을 너무 쉽게 받아들이는 경향이 있다. 그래서 사업하며 직접 고난을 맞닥뜨리면 충격이 어마어마하다. 월급쟁이 땐 상사에게 욕먹어도 같이 뒷담화할 동료가 있었다. 그런데 어쩌나, 지금은 아무도 없다.

어찌어찌 문제 하나는 끝냈다. 그 다음엔 한층 더 강력한 고난이 때린다. 워터파크에 가면 물살이 무지 센 곳에서는 제대로 서 있기도 힘들다. 그런데 그곳에서 일주일 동안 휩쓸려 다니는 심정이랄까? 매주 돌아오는 월요병 정도로 이해하면 안 된다.

나도 현재 그 속에 있다. 미쳐 돌아 버릴 것 같은 때가 한두 번이 아니다. 고객사에게서 말도 안 되는 성과를 요구받으면 확 엎어 버리고 싶다. 그럴 때마다 폐업으로 집기 팔던 때의 사진과 취업 사기 당하고 생활비가 없어 라면 반쪽에 밥 말아 먹던 10년도 더 된 시절의 사진을 꺼내 보며 마음을 다잡는다. 이번만 하고 끝내겠지. 하나 넘으면 말도 안 되는 상황이 또 기다린다. '어

서 와, 말도 안 되는 상황이 처음은 아니잖아?'라며. 이런 말도
안 되는 상황을 하루에도 열댓 번씩 극복한 사람들이 정상에 있
다. 자신 있나?

2장
—

계획과 준비는
철저해도
모자란다

나 같은 사람 널렸다

새해 중소기업청 발표 자료를 보고 경악했다.

지난해(2016년) 3분기 신설법인이 2만3406개다. 대략 한 달에 8천 개, 하루에 약 267개 회사가 생긴 것이다. 오버를 해 보자. 그렇다면 1년에 9만6천 개 회사가 개업한 것이다. 중소기업청 자료만 이러니 다른 자료들을 끌어모으면 대충 가늠해도 10만 개가 가뿐하게 넘는다. 2016년은 스타트업, 벤처 기업 창업이 역대 최대치라고 했다. 이 10만 개 회사가 다 잘된다고 가정하면 한 회사에 열 명만 취업해도 100만 개의 일자리가 생기는 것이다. 중소기업청 자료를 기준으로 계산해서 이 정도다. 프랜차이즈, 외식업, 소규모 점포, 골목 상권까지 더하면 도대체 대한민국의 '사장'은 몇 명인가? 이래서 정부가 창업을 장려하나?

정부에서 내가 낸 세금으로 스타트업 창업 자금을 막 지원해 주니까 좋은 것 같나? 다들 눈치챘겠지만 정부의 통계에 속는 것이다. 중소기업청 발표 기사를 본 뒤 다음 기사를 보고는 '망했어요'가 절로 나왔다. 온오프라인 합해 하루 3천 개 회사가 창업, 2천 개 회사가 폐업한다. 이쯤 되니 '이게 나라냐'란 말이 그냥 나왔다. 이건 다른 시선으로 보면 과열 경쟁을 막아야 할 정부가 '일자리 창출'이란 단어에 빠져 돈 못 버는 나 같은 사람들이 내는 세금을 막 쓰면서 정책이 좋다는 걸 단기적으로 알리기 위해 삽질하는 것이다. 일자리 창출이 아니라 국가가 나서 '실업자 양성'하는 것으로 보인다.

대충 가늠해서 10만 개 회사가 생겼다. 그 10만 개가 모두 독자적인 서비스와 하나밖에 없는 물건을 파는 건 아니다. 비슷비슷한 서비스가 전염병 돌듯 '창궐'하는 것이다. 정부 지원은 둘째 치고 자기 힘으로 창업하겠다는 사람들도 이미 늦었는데 합류한다. 한 가지 예를 들자. 2015년부터 핫이슈로 떠오른 창업 아이템 O2O 서비스는 가사 도우미, 부동산 대행 앱, 출장 요리 등 여기저기서 난리다. 장사 잘된다는 회사 블로그에 들어가 보면 '우리 서비스 많이 이용해 줘서 고맙다', '요즘 바쁘니 주문과 서비스 공급이 늦어도 조금 기다려 달라'는 글을 쉽게 찾을 수 있다.

'장사 안된다', '어렵다'는 글은 절대 없다.

창업자들은 이쯤 되면 그래 한번 해 보자, 굳이 경쟁하지 않아도 되겠다 싶다. 심할 경우 저쪽이 바쁘니 우리가 다른 수요를 수용하면 된다고 '자뻑' 경지에 오른다. 딱 이거다 싶은 아이템을 골라 본다. 엥? 앱스토어, 구글 플레이를 뒤지니 관련 앱이 넘쳐 난다. 여기서 잠시 멈칫하다 다른 서비스를 분석한답시고 열심히 뜯어본다. 무언가 답이 보이는 것 같다. '그래, 기존 서비스는 이런 거 놓쳤지? 여기에 내가 생각하는 획기적인 아이템을 넣어 보자'. 그렇게 대충 다른 서비스와 내 아이디어를 버무리니 훌륭하다. '오~ 이러면 되겠는데? 자, 그럼 시작!'. 망하는 지름길로 어서 옵쇼.

현장에서 만나는 예비 창업자나 이제 막 창업한 이들의 공통된 움직임이다. 아니라고? 기분 나쁜가? '난 다르다. 시장 조사도 완벽하고 반응도 확인했다. 잘 모르면서 뭔 말이 많나? 이쪽 사업 시작하고 말해라'. 이런 반응도 거의 똑같다. 간혹 '그럼 어떻게 하냐'는 말도 나오지만 대개의 경우 다음 레퍼토리는 이렇다. '지금은 사람들이 잘 모르지만 투자받은 후…'. 젠장.

2012년 3월 12일. 처음 사업자 등록증을 받은 날이다. 사업자 등록증 받을 때까지 딱 일주일 동안만 고민했다. 뜻한 바나 부귀영화(?) 그런 거 없었다. 그냥 먹고살기 위해서였다. 퇴사하고 일주일 동안 쉬다가 카드 값 문자를 받았다. 어떡하나 일주일 고민해서 내린 결론은 이랬다.

- 다른 PR 대행사들이 대기업, 중견 기업, 관공서 쪽으로 영업해 대행료를 비싸게 받는다.
→ 그럼 난 소액을 공략하자. 소상공인, 벤처 기업으로 특화하고 대행료는 싸게 받는다.

- 소상공인, 벤처 기업들은 관계 부처와 협의할 만한 대외협력팀 운영 여력이 없다.
→ 기왕 싸게 하니 이것도 기본 서비스로 제공하자.

- 지난 6년 동안 창업 바닥 PR도 경험해 봤다.
→ 경영, 마케팅 컨설팅도 같이 해 주면 되겠다.

생각이 여기까지 미치니 먹고사는 데 지장 없는 정도가 아니라 2년이면 통장 잔고에 수억 원에 해당하는 숫자가 찍힐 것 같았다. 그렇게 사업자 등록증을 발급받았다. 그 후로 한 달 동안 영업이랍시고 다녔지만 답이 안 나왔다. 돈은 돈대로 썼다. 돈을 안 쓰려고 집에 틀어박혀 2주 정도 지내니 우울증에 걸릴 것 같았다. 이래선 안 되겠다 싶어 앞서 나열한 사업 내용을 들고 지금이 글을 읽고 있을 지인을 찾아갔다. 구두로 설명하고 그해 안에 갚겠다는 다짐과 함께 돈을 빌렸다.

다시 영업을 시작하면 금방 OK될 것 같았다. 누구보다 그들 사정을 잘 아니까. 이 악물고 뛰었다. '영업은 거절에서부터 시작된다'는 모 영업 사원 말만 믿고 알음알음으로 찾아다녔다. 이게 함정이었다. 2012년 3월 사업자 등록증을 만들고 8월까지 정확히 500만 원 벌었다. 겨우 월 100만 원 번 꼴이다.

그나마 난 나은 편이라 생각한다. 어차피 초기 투자비도 거의 없었고 내 머리와 노트북 하나로 버티면 되니까. 여기에 운이 매우 좋았던 것은 알음알음 지내던 사람들이 가끔 불러 컨설팅이랍시고 돈 받기 부끄러운 별것 아닌 일을 해 주고 용돈벌이를 했다. 또, 먹고살아야 하니 글 대필에 문서 작성까지 했다. 그러다 보니 여기저기 소개를 많이 받았다. 그 과정에서 영업 기술도 늘고 어떻게 해야 하는지 감이 잡혔다. '제대로 된(?)' PR 대행으로 계약서에 도장 찍고 일 시작한 건 이듬해인 2013년이었다. 무려 1년이란 시간이 걸렸던 것이다. 물론 빚 상환은 못 했고 좀 더 빚이 생겼지만 말이다. 지금은 그때를 떠올리면 '좋은 경험'이라고 생각하려 노력하지만 사실 그런 생각은 잘 안 든다. 글로 몇 줄 정도만 휘갈겼지 30대 후반에 한 달 100만 원 벌며 1년 가까이 지내보면 당시 내 기분이 어떤지 알 것이다. 단순한 스트레스가 아니다. 그 이상이다.

소상공인, 스타트업, 벤처 기업 상대로 영업할 때 PR과 대외 협력 업무가 당신 사업에 꼭 필요한 것이라 얘기하면 대부분 '굳이 왜?'로 나온다. 이 글을 읽고 있는 당신 사업도 마찬가지다. 창업자 시각에서 시작한 것이지 '고객', '소비자' 시각에선 필요 없는 서비스일 수도 있다. 여기에 더해 '당신들은 나를 써야, 내 서비스를 이용해야, 내 상품을 써야 한다'고 목청 터지게 외쳐 봐야 마케팅 대상들은 귓등으로도 안 듣는다. 쉽게 말해 아무리 떠 든들 소용없다. 대형마트의 라면 코너를 생각해 보시라. 죽고 못 사는 브랜드 아니면 대충 비교하고 싼 거 고르는 게 소비자다. 소 주 한잔, 커피 한잔하러 갈 땐 단골집 아니면 대충 분위기 좋은 곳으로 들어가는 게 손님이다.

즉! 비슷한 사람은 널리고 널렸다. 모래사장의 모래알 중 하 나다. 나 같은 사람, 내가 만든 서비스와 비슷한 것은 널리고 널 렸다. 내가 속한 PR 대행 업계의 대행사는 줄잡아 300개가 넘는 다. 대기업부터 중소기업, 각종 프로젝트까지 '언론 홍보'만 정통 으로 하는 대행사만 말이다. 현재 1인 기업으로 뛰는 나 같은 프 리랜서까지 더하면 500개가 넘을 것이란 게 이 바닥에서 밥 먹 고 사는 홍보쟁이들 얘기다. 홍보 담당자 모임에 나가면 체감지 수는 더하다. 한 모임에 나가 명함 주고받으니 40명 중 33명이 개별 홍보 대행사 대표 아니면 임원이었다.

여기서 끝이 아니다. '홍보 대행사'랍시고 언론 기사 만들어 주겠다 설치는 이상한 사짜까지 하면 천 개가 넘을 거다. 최근엔 말도 안 되는 '언론 마케터'란 자격증을 만들어 움직이는 이상한 인간들까지 있다. 참고로 언론 홍보 바닥에선 PR협회, PR기업협회에서 인정하는 교육 수료 자격증만 있다. '언론 마케터'라고 설치면 광고하라는 소리니 안 믿는 게 좋다.

어쨌든 창업자들은 경쟁을 당연한 것으로 받아들이고 마음을 다잡지만 현실은 여왕벌 하나 보고 덤비는 수만, 수천 마리의 꿀벌 같은 신세다. 나와 비슷한 서비스는 널리고 널렸다는 것이다. 커피 전문점이 널리고 널렸듯이!

누구 소개로 PR 영업 자리가 어찌어찌 힘들게 마련됐다. '예전에 홍보 영업 온 사람들은 말이에요…'라며 상대방이 먼저 말을 늘어놓는다. 여기에 말도 안 되는 가격, 상식을 벗어난 제안, 도덕과 윤리는 둘째 치고 이상한 말을 늘어놓고 간 다른 업체 얘기도 튀어나온다. 명색이 업계 불문율이 있는데…. '잘못 안내받은 것 아니냐', '그건 그럴 수 없는데'라고 말해 봐야 소용없더라. 오히려 나를 도둑놈으로 보는 시선만 따갑게 받고 나왔다. 이것이 지금도 진행되고 있는 내 바닥 영업 현실이다. 그럼 지금 당신의 사업 분야는 어떨까?

스마트폰에서 '청소' 앱을 검색해 보자. 앱 개수만 줄잡아 수백 개가 나온다. 소비자들이 수백 개 앱을 일일이 열고 따져 볼까? 네이버에서 '홈 피트니스'를 검색해 보시라. 홈페이지, 블로그에 몸 좋은 트레이너들이 수천 명 나온다. 페이스북에서 '커피', '바리스타'로 검색해 보시라. 커피가 대중화되어 그런지 만명 단위를 넘어간다. 주저리주저리 말이 많지만 제목대로다. 나같은 사람 널렸다. 소비자들이 당신을 선택해야 하는 이유를 스무 가지만 열거해 보시라. 대부분 많아 봐야 다섯 내지 일곱 가지면 끝난다.

인터넷 블로그를 보면 다들 장사가 잘된다면서 자신의 사업장 주변 맛집, 명소를 포스팅하느라 바쁘다. 얼마 전엔 '요즘 우리 청소 서비스를 많이 이용해 줘서 돗자리를 주겠다'는 글을 봤다. 웃기고 있다. 시작한 지 얼마 되지 않아 사은품을 주는 건 고객이 없다는 반증이다. 사람이 안 모여드니 사은품으로 꼬시는 것이다. 잘되는 곳은 할인이나 1+1로 간다. 장사 안되는 거 감추는 걸 마케팅이랍시고 한다. 사업 시작하면서 이런 블로그 글에 현혹되면 100퍼센트 돈만 뺏기고 끝이다.

글 쓰며 잘난 척하지만 나 역시 지금도 영업과 경쟁에 허덕인다. 매달 두 번 정도는 '소상공인, 벤처 기업 힘드시죠. 언론 홍보에 제가 대관 업무까지 해서…'라고 떠들고 다닌다. 이건 다른 업체와 경쟁은 물론 예비 고객과의 기 싸움이다. 내가 서비스를 더 잘해 줄 수 있지만 결정은 고객의 몫이다. 지금이야 6년 차 접어들고 몇몇 소상공인, 벤처 기업들의 성공 사례를 보여 주니 내 얘길 듣는 척해 주지만 창업 1~2년 차 땐 그냥 '흔하고_널린_창업자_1.jpg'였다. 아니다. 더했다. '우리가 어떻게 언론에 나와요? 거짓말 마요'란 사기꾼 취급도 흔하게 받았다. 억울해도 소용없다. 나 같은 사람은 넘쳐 난다. 이게 창업의 '기본' 현실이다.

책상에서 만든 기획서, 만능열쇠 아니다

창업하면 제일 먼저 떠오르는 것은?

'멋진 인생', '부자', '성공', '세상 한번 바꿔 봐야겠다'…. 이외에도 여러 가지가 있을 수 있다.

그럼 본격적인 창업 시작 시 제일 먼저 하는 것은? 여기엔 답이 하나로 모인다.

시장 조사다.

동물들도 사냥터 먼저 확인하는 것처럼 창업에서 시장 조사는 너무 당연한 일이다. 그럼 조사 방법은 어떨까? 대부분 지인, 친구, 의기투합한 동업자들과 먼저 얘기한다. '이런 아이템으로 사업해야겠다'는 생각이 들면 주변의 '친한 사람에게만' 물어본다.

그 뒤엔? 뻔하다. 포털 검색을 한다. 사업 준비인 만큼 스마트폰이 아닌 PC, 노트북을 켠다. 그것도 백이면 백 네이버. 요즘엔 크롬 브라우저도 많이 쓰니 구글도 많이 하지만…. 어쨌든 포털 검색을 시작해 뉴스와 블로그에 나온 대로 시장 규모를 확인한다. 직접 발로 뛰며 아이템을 쓸 소비자, 그것도 모르는 사람을 만나 물어보는 창업자는 거의 없는 게 현실이다.

시장 조사가 끝나면 기획서, 혹은 사업계획서를 만든다. 이런저런 생각을 하고 동업자가 있으면 서로 의견을 모아 근사하게 만든다. 여기서부터 드디어 스스로 함정을 판다.

'사업계획서, 기획서는 어떻게 만들지?'

여기에 생각이 미치면 기존에 있던 템플릿을 다운받거나 대충 비슷한 걸 베껴서 '카피'한다. 그것도 비슷한 업종의 선배 창업자가 만든 것을 다운받아서. 그러면 생각했던 내용 중 '내가 봐도' 획기적인 것 빼고는 비슷한 내용을 발견하게 된다. 슬슬 문서 작성하고 일일이 이미지 찾아 편집하는 일이 귀찮아진다.

그러면 거의 비슷한 내용으로 작성한다. 획기적인 내용을 넣어 자신은 대단한 창조라 생각하겠지만 읽는 사람 눈에는 거의 똑같다. 좀 더 돌직구를 날리면 명사, 조사, 표현만 바꿔 제시한다. 요즘 '핫'하다는 O2O 홈서비스 시장을 예로 들어 보겠다.

'우리가 하는 가정 토털 서비스는 방문 후 도우미가 모든 것을 책임집니다'를 보고 '홈 케어 서비스는 도우미가 핵심입니다. 우리는 이를 완벽히 책임집니다'로 바꾼다.

앞의 문장과 뒤의 문장이 뭐가 다른가? 아니라고 우기면 할 말 없고. 그런데 현장에서 내 눈으로 직접 확인한 기획서, 사업 계획서의 90퍼센트가 이런 식이다.

나 같은 홍보쟁이가 봐도 재미없는데 창업자들을 매일 상대하는 투자자, 정부 지원 사업 심사관, 벤처캐피털venture capital 관계 자들은 어떻게 생각할까?

심하게 말하면 라면에 '만두', '치즈', '콩나물' 등 추가 재료만 달리 넣었을 뿐 결국 다 같은 '라면'으로 보인다. 기획서, 사업 계획서를 이렇게 만들어 놓고 그 사람들이 날 몰라준다, 혹은 저 사람들이 무식해 그런 거라며 자위하면 어쩌자는 건가? 그들보다 고객들은 더하다. 겨우 이런 걸로 투덜거려 봐야 소용 없다.

어떤 일이든 시작할 때 기획서는 기본이다.

그리고 그 기획서는 초안이 생명이다. 그런데 비슷한 기획서를 내놓고 '우린 다르다'고 목 아프게 얘기한다. 한 번이라도 내 사업에 돈 써야 하는 고객, 거래처, 비슷한 업체 사람들을 직접 만나 시장 조사하고 기획서 작성한 사람은 거의 없다. 있다 해도 '절친'이나 한 다리 건너 아는 사람 등 내게 싫은 소리 잘 못 하는 사람과 만나는 게 대부분이다. 카페 골목이나 먹자골목에서 처음 가는 가게를 고를 땐 분위기를 보고 들어간다. 소비자들은 대부분 이렇다. 이런 심리가 있는데 창업자들은 앞으로 돈 벌어야 할 현장 확인은 둘째 치고 책상 앞에 치질 걸리게 눌러앉아 포털 검색과 전화로 지인에게 이것저것 물어본다. 그렇게 만든 기획서가 보물 지도인 듯 꼭 쥐고 움직인다. 오, 신이시여.

월급 받던 시절 했던 일을 생각해 보자. 하나의 상품, 서비스, 앱을 만들기 위해 모여서 회의한다. 거기서 나오는 의견은 대부분 소비에 초점이 맞춰진다. 어떻게 사용하게 만들지 알아보기 위한 시장 반응 확인법에 대한 내용이다.

그 후엔 어떤가?

대학생 설문, 주부 체험단, 직장인 인터뷰, 페이스북 페이지 운영 등 소비자들이 가득한 '현장'에서 직접 확인하고 따져 본다. 그런데 자신의 모든 걸 걸고 시작하는 생사(?)가 달린 창업 기획서를 모니터에서 보이는 대로 준비하다니, 운이 아주 좋으면 몰라도 실패가 예정되었는지도 모른다.

뭐, 할 말 없다. 나도 마찬가지였다. 겨우 일주일 혼자 궁리한 뒤 세무서에 찾아가서 덜컥 사업자 등록증을 발급받았다. PR 대행 업자에겐 회사소개서가 기획서고 사업계획서다. 곧바로 작업에 들어갔다. 혼자 나흘 동안 끙끙대며 만들다 보니 스스로 만족할 만한 회사소개서가 나왔다.

일단 영업을 다녔다.

냉랭한 현장 반응은 둘째 치고 재수 없다는 반응이 대부분이었다. 두 달 뒤 아니다 싶어 용돈 벌려고 강의에 나갔을 때 강사 타이틀로 모르는 사람들에게 물어봤다. 그 사람들은 초기 창업자들이었다. 자기들 시선에서 이런저런 거 넣으면 어떻겠냐고 의견을 줬다. 큰 도움이 됐다. 그리고 곧바로 일주일 동안 그들의 의견을 다 집어넣어 새롭게 만들었다. 딱 거기까지다.

만들고 보니 내 자랑만 실컷 하는 회사소개서가 된 것이다.

사업 시작한 지 한 달 된 사람들의 시선에서 만들었던 것이다. 내 경력과 실력을 많이 넣으면 좋겠다는 의견만 따랐던 것이다. '경력과 실력을 보여 주면 넘어오겠지'란 생각에 있는 것 없는 것 다 집어넣어 PPT 50장짜리 거창한 초특급 회사소개서가 만들어졌다. 필요한 것만 딱 정리해서 만들어야 했는데 쉽게 말해 공부 못하는 애들끼리 시험 끝나고 답안 맞추는 헛지랄을 한 것이다. 지금도 그때 만든 회사소개서를 보면 손발이 오그라든다.

내가 그리는 미래, 목표는 책상 앞에 앉아 몽상하면 안 되는 것이 없다. 생각하는 대로 사업이 술술 진행된다. 고객, 투자자들은 나의 진심과 사회적 역할을 믿어 준다. 그래, 됐다. 아니 아름다운 얘기와 서비스를 조금 더 넣자. 투자자들은 사업에 소중한 지원을 해 줬으니 배당은 물론 이렇게 보답할 것이다. 자, 이대로 시작하면 나도 tvN 프로그램 〈어쩌다 어른〉에 강의 나가 사람들에게 힘내라 조언해 줄 수 있다.

미쳤군!

투자자들? 현실적이다. 당신 같은 사람을 수십, 수백 명 만나 본 선수들이다. 전문 투자자들을 만나 얘기해 보면 스타트업, 벤처 기업 등 초기 창업자들이 들고 와 투자 못 받는 사업계획서는 딱 두 가지로 나뉜다고 한다.

첫 번째는 얼치기 야심가 유형이다. 장래 희망을 아름답게 그렸지만 현실성 결여에, 시장 상황 전혀 모르는 유치찬란한 내용이 여기에 속한다.

다른 하나는 문서 전문가 유형이다.

전문 꾼(?)들이 대신 작성해 누가 봐도 본인이 이렇게 사업 못할 '계획'서다. 아무리 전문 용어와 깔끔한 형식으로 포장이 되었더라도 전문 투자가들은 대략 네 장가량 넘겨 보고 그대로 덮는다. 정부 사업 심사관들이라 해도 마찬가지다. 자기 돈 안 나가니 전문 투자자들보단 좀 덜 챙겨 보지만 경험에 의해 길러진 감을 무시할 수 없다. 사업을 현실성 있게 파악해 준비한 사람과 일단 지원해 자금만 따고 보자는 사람은 금방 구별된다고 한다.

군대에 우스갯소리가 있다.

'작전 계획대로 하면 지구도 정복한다'.

당신들이 작성하는 문서로 시장 정복을 할 수 있을 것 같나? 여기서 반론이 나올 수 있다. '지금 군대는 직접 전쟁, 전투를 한 적이 없지 않나. 그런데 뭔 소린가?'. 맞는 말이다. 대신 군대는 다른 나라 전투 사례와 과거 실패 사례를 모두 모아 꼼꼼히 검토하고 모여서 계획을 수립한다. 그리고 직접 전투가 벌어질 지역으로 이동하여 예상되는 수많은 상황대로 움직이고 현장 상황에 맞게 계속 다듬고 고친다. 이 과정이 대한민국 남자들을 이 갈게 만들고 평생 안줏감이 되지만.

어쨌든 '기획서'라 했지만 지금 당신이 작성하고 있는 '투자 유치 제안서', '사업 제안서', '판매 전략', '서비스 계획' 등 현장 확인도 없이 포털 검색과 참고 자료(라고 말하지만 거의 비슷하게)로 만든 걸 갖고 당신한테 돈 줄 사람들의 마음을 열 수 있을까? 백이면 백 자신의 입장에서 만들고 현장, 시장 확인은 거의 없이 작성되고 있다. 청소 서비스 하겠다고? 아파트 부녀회장이나 자치회장 만나서 물어본 적 있나? 그 사람들 만나려면 관리소를 통해야 하는데 처음 몇 번은 100퍼센트 만나지도 못하고 퇴짜 맞는다. 그걸 각오해 본 적 있나? 아토피에 좋은 아로마 비누를 팔겠다? 아로마 비누가 필요한 아토피 환자를 만나 본 적 있나? 아토피가 있으면 숨기기에 급급하다. 어쩌다 만난 사람은 왜 자꾸 자기 약점 끄집어내는지 화낼 것이다. 다들 책상머리 앞에 앉아 인터넷 검색 후 기사 내용, 블로그 내용 아니면 먼저 시작한 대기업, 중견 기업 자료를 보며 베끼는 경우가 대부분이다. 다른 건 몰라도 투자자들은 현장에서 한 번이라도 확인한 내용은 보면 다르다고 입을 모은다. 책상에서 모니터만 보고 만든 기획서, 사업 계획서로 사업을 시작하니 안될 수밖에…. 반대 입장에서 보라. 당신이 짜장면, 치킨 등 배달 음식을 시켜야 한다. 단골집, 배달 앱 빼고 쿠폰북이나 배달 책자에서 골라야 한다고 치자. 쿠폰북, 배달 책자를 열어 보면 거의 비슷하다. '이래서 주문하겠어?'란 말까지 나온다.

책상에서 열심히 만든 '노력만' 대단하다. 그 다음은 아무것도 아니다. 백날 모니터 바라보며 댓글 달고, 책 보며 '아, 이러면 되겠다'고 수정하고 보완하면 뭐하나? 그것이 고객들의 마음을 여는 만능열쇠일까? 학생 땐 책상에서 열심히 공부해 시험 잘 보면, 월급쟁이 땐 모니터 붙들고 열심히 분석해 제출하면 됐다.

공통점? 칭찬받는다. 그런데 창업 땐? 사업은 단순히 애만 썼다고 할 수 있는 게 아니다. 노력에 대한 공은 주변에서 칭찬 많이 한다. 다음번엔 잘할 수 있을 거라는 덕담과 함께. 그런데 그게 다 무슨 소용이랴. 경험은 소중한 것이지만 그 다음 기회가 없다면 투자가 아닌 단순한 비용이다.

사업, '공부' 아니다

창업한 사람들은 사업 결심 후 처음 한 일이 뭔지 떠올려 보자. 맞다. 시장 조사다. 누울 자리 봐 가며 다리 뻗는다고 얼마나 벌 수 있을지 환경 확인은 당연한 거다. 아무 생각 없이 시작한 나도 한 달에 얼마 벌어야겠다는 생각으로 시장 조사를 했다. 아이템을 선정한 후든, 아니면 어느 게 잘될까 고민하기 위해서도 한다. 첫 번째 스텝은? 백이면 백 PC, 노트북, 스마트폰을 열고 포털 검색을 시작한다. 준비 중인 분야의 상황과 경쟁사 현황, 먼저 시작한 업체 등 열심히 조사에 들어간다. 열심히 메모하면서 시장 규모를 분석한다. 모니터에 붙은 포스트잇이 늘어나기 시작한다.

그 후엔 학교 다니며 선생님께 궁금한 거 질문하듯 친한 사람을 찾아다닌다. 커피, 소주 한잔하며 불안함을 달래기 위해 '나한테 듣기 좋은 소리' 위주로 물어보고 사업계획서를 준비한다. 여기까진 누가 시키지 않고 다른 사람에게 묻지 않아도 기막히게 한다. 이른바 '머슬 메모리'다. 초등학교 입학 전 유치원에서 시작된 조기 교육부터 대학 졸업 후 취업까지 어림잡아 20년 동안 해 온 짓이기 때문에.

대한민국 교육열로 입시 위주의 '정답 맞추기' 혹은 '찍기' 문화가 만든 가장 큰 문제점이 '공부', '공부' 오로지 정답만 찾는 공부라고 난 생각한다. 뭔 소리냐고? 공부가 뭔 문제냐 할 수 있다. 유치원 조기 교육부터 대학 졸업 후 입사까지 20년 넘게 정답만 찾아다닌 '습관'이 창업까지 지배한다. 이 과정이 문제란 것이 아니라 과정 속에 길들여진 것이 문제란 것이다. 내가 무슨 말을 할지 복잡하고 어려워도 잘 이해해야 한다.

딱 잘라 말하면, 사업 준비를 문제집 파며 정답만 찾는 형태로 하니 제대로 안 될 수밖에 없다는 거다. 이러면 금방 자리 잡을 것이란 생각만 한다는 거다. '통과', '합격'만을 위한 공부는 가는 길이 거의 일정하다. 개울 건널 때 징검다리가 있으면 그 다리만 밟고 건너듯이 교과서, 참고서, 인터넷 강의 등 문제의 정답만 찾아낸 것이 그동안 한 공부다. 그런데 창업, 사업은 과정은 비슷하지만 다른 방법도 고민해야 한다.

사업은 징검다리를 밟고 가다 급하면 신발이 젖어도 개울에 뛰어들어 앞사람 추월도 해야 한다. 건너야 할 징검다리에 사람들이 줄 서 있어 한참 기다린다면 돌을 가져다 내가 건널 징검다리를 만들며 건너야 하는 게 사업이다. 그런데 다들 줄만 서서 앞사람 건너는 모습만 보고 있으니…. 조기 교육부터 취업까지 20년 동안 남들 하는 공부만 그대로 따라 한 습관이 사업에서 가장 큰 힘을 발휘하니 제대로 될 리가 있나. 객관식 문항에서 보기 다섯 개 중 딱 하나 있는 정답을 찾아 맞히는 것처럼 고객, 거래처를 상대하려 든다. 고객과 거래처 사람들이 딱 그럴 것 같나? '내 생각대로' 움직일 것 같냐는 말이다. 여기에 하나 더.

사업을 준비하다 보면 내 사업 분야에 대해 공부하듯이 외우고 이해가 높아지니 학위만 안 받았지 '박사급' 지식이 머리에 들어간다. 툭 치면 시장 규모, 주 이용 고객, 서비스와 제품의 장단점, 다른 경쟁사 문제점 등이 입 밖으로 줄줄 나온다. 그런데 거기서 끝이다. 어떻게 응용할 것인가는 '교과서 → 참고서 → 족집게 과외' 같이 모두들 알고 있는 수준에서 그친다. 이런 모든 지식을 시장 상황에 맞게 응용하고 고객, 거래처가 나한테 돈 쓰게 하는 게 사업인데, 머릿속에 들어간 것만 다시 읊어 내고 공식에 대입하려고만 든다. 시험 잘 보고 성적 잘 나와 원하는 대학, 원하는 회사에 들어가는 그런 공부하는 습관으로 사업하려 덤비니 당연히 잘 안되고 망할 수밖에 없다.

PR 대행사 차리고 1년. 영업 '배우려고' 영업 관련 책 몇 권을 사 봤다. 영업의 대표적 3D 업종이라 하는 보험, 자동차, 제약 세일즈맨들이 쓴 책을 보며 '아하, 이러면 되는구나'하고 무릎을 탁 쳤다. 그리고 그쪽 분야 지인들을 만나 갖가지 진상 고객 상대하는 법과 성공 사례, 주의할 점을 배우고 곧바로 영업에 들어 갔다. 영업 전선에서 넉 달 동안 그들이 하라는 대로, 책에 나온 대로 충실히 따라 했다. '석 달만 하면 영어 마스터 한다'란 책에 나온 것처럼 따라 했다. 영업은 제대로 안됐다. 왜냐고? 책 쓴 사람들은 내가 아니었다. 무작정 그대로 따라만 한 것이다. 그들과 나는 만나는 사람들의 요구가 달랐다. 홍보가 잘돼야 장사가 잘된다고 생각하는 사람들에게 자동차, 보험 영업 사원처럼 들이댄 것이다.

PR 대행 영업을 하려면 홍보를 모르는 사람들에게 상황별로, 그리고 반응에 맞게 대응해야 했다.

나의 경우를 예로 들면 아래와 같다.

'여기서 이런 보도 자료를 만들고 기자 만나서 설득해 기사가 나오게 해야 한다. 포털 검색하면 이런 기사가 노출되니 당신 사업장에선 이렇게 준비해야 한다. SNS와 블로그엔 이렇게 글을 써야 한다. 이러기 위해서 언론 홍보가 가장 큰 역할을 한다…'.

그런데 실제의 나는 그게 아니라 '이 보험은 당신에게 이런 게 혜택이 되니' 식으로 덤볐다. 사업을 책으로 배웠던 탓이다. 누가 지금 나더러 사업에서 중요한 것 하나를 짚어 달라면 '공식에 따라 하는 것이 아니라, 내가 공식을 만들어 가며 해야 한다'고 말한다. 그런데 과거의 이 무식한 놈은 창업 초기 자신만의 사업 공식을 안 만들고 책에 나온 공식에 대입만 하려 들었던 거다. 그러니 당연히 안될 수밖에 없다. 3년 전 그때를 생각하면 '에라, 이 무식한 놈아!'라고 소리 지르며 뒤통수 한 대 치고 싶다.

다시 말하지만 사업은 공부가 아니다. 초중고 시절 문제집 더 풀고, 남들이 만든 공식에 숫자 대입해서 정답 맞추던 행위가 아니란 말이다.

얼마 전 페이스북 친구가 쓴 글을 보고 크게 웃었다.

직원 모집 공고 후 지원자들의 자기소개서를 보곤 '어째 대한 민국에는 다들 엄한 가정 교육을 소신으로 삼는 부모님 밑에서 자란 사람들밖에 없는가…'라고. 나도 예전에 직원 뽑을 때 홍보 쟁이 하겠다고 지원한 친구들의 자기소개서에 거의 비슷한 내용만 있어 혼자 혀를 찬 적이 있다. 자기 홍보도 제대로 못하는 사람이 어떻게 고객사들을 홍보한단 말인가.

어쨌든 사업은 소비자, 거래처 마음을 훔쳐야 하고 상황에 맞는 공식을 찾아내 계속 발전시켜야 하는 거다. 남들 공식은 말 그대로 '참고'만 하고 잊어버려야 한다. 밥할 때 쌀 씻어 물 넣고 끓이는 건 똑같지만 거기에 감자를 넣을지 고구마를 넣을지 콩나물을 넣을지는 밥 먹을 사람 기호에 맞게 바꾸는 것처럼. 1990년대 중순 이후 인터넷이 생활필수품이 되면서 나만의 아이템은 쉽게 노출되고 다른 사람들이 금방 따라 하게 되었다. 1년 동안 잘 써먹은 공식도 아니다 싶으면 버리고 새로운 공식을 만들어야 한다. 내가 '저 아이템 괜찮겠네'하며 따라 하기 시작하면 나만 할 것 같나? 비슷하게 생각하고 덤비는 경쟁자는 널리고 널렸다.

2017년 새해가 되어 상담 문의가 들어와 한 업체를 방문했다. 거기서 충격적인 모습을 봤다. 이른바 업계 '터줏대감'이란 사람들의 작태다. 국가 창업 지원 사업에 수십 번 도전했다던 이들은 투자 제안서 작성 분야에 그야말로 선수였다. 그 핵심 역량을 살려 '눈먼 돈'을 받아 낼 수 있는 제안서를 만들어 주는 서비스를 팔고 있었다. 이런 일에 컨설팅이란 말을 갖다 붙이면서 말이다. 그날도 한 여성 창업자와 컨설팅 계약을 위한 면접 아닌 면접 중이었다.

창업 바닥이 아무리 썩었다지만 기가 차지 않을 수 없었다. 학원 다니며 정답만 찾아 통과하던 머슬 메모리가 그들을 거기까지 끌고 간 것이다. 말로만 듣던 모습을 직접 확인하고 그날 저녁 기분이 묘했다.

故 정주영 회장은 가난 탓에 초등학교만 졸업하여 사람들에게 성공 모델로 더 많이 거론된다. 실제론 정규 교육을 많이 받지 않았기에 천재적인 생각이 가능했을 일이었는지도 모르지만 말이다.

한국 전쟁 당시 미국 대통령이 방한해 부산 UN 묘지를 참배했다. 미군 측은 한겨울에 묘역을 푸른 잔디로 꾸며 달라고 했다. 다른 이들은 다 도망갔지만 그는 보리를 심어 한겨울에 묘역을 파랗게 꾸몄다. 서해안 간척 당시엔 마지막 둑이 조수 간만의 차로 흙이 계속 유실되었다. 둑이 연결되지 않자 그는 고철 유조선으로 바다를 막아서 간척하기에 이르렀다.

한 가지 더, 소양강 댐 일화도 있다.

내로라하는 일본 건설 업체에 댐 건설을 맡기려 하자 그는 왜 비싼 시멘트를 쓰냐고 했다. 학력 조롱까지 받았다. 그러나 소양강 주변 모래와 자갈만 잘 써도 공사비를 줄일 수 있다는 아이디어를 내자 두말없이 낙찰. 공부만 하던 사람들은 자신이 걸어온 길과 배운 공식에만 의존했지만 그는 아니었다. 배운 대로만 하면 큰코다치는 게 사업이다. 사업은 매출과 경제 활동 영위에 직결되는 생존의 문제다. 목표는 비슷할 수 있으나 사업 방식에 정답은 없다.

그런데도 답을 요구하는 사람들은 꼭 있다.

내가 족집게 강사, 잘나가는 역술인도 아닌데 '내 사업 성공시킬 정답 내놔라' 한다. 빠른 기간에 돈 잘 버는 방법을 알려 달라는 식이다. 합격만을 위한 공부 습관에 물든 탓이다. 이런 경우를 목격하다 보면 의뢰자가 사업하려는 게 아니라 시험 통과의 성취감을 맛보려 하는 것 같다. 그 진의는 참으로 헷갈린다. 본인마저도 그런 듯하다. 학창 시절의 공부 습관이 이렇게 무서운 것이다.

미래만 그리면
미끄러진다

때는 바야흐로 창업 3년 차 연말. 고객사 떨어지는 징후가 보였다. 평소에도 사사건건 트집만 잡던 곳이 나이 어리다고 이젠 무시까지 한다. 나는 그렇다 치지만 직원들은 스트레스가 더 심했다. 먼저 제안이 들어왔던 한 곳은 독하게 말하면 무식을 자랑으로 알고 있었다. 일주일 고민하고 그곳에는 'NO' 메시지를 보냈다. 게다가 뭔 배짱인지, 트집만 잡고 이상한 궤변만 늘어놓던 고객사에는 11월에 회의하러 가서 앉자마자 내가 먼저 계약 해지 통보를 날렸다. 직원들은 걱정했지만 나 스스로를 다독였다.

그날 저녁 집에 들어와 혼술하면서 마음을 다잡았다. 내 진심만 열심히 알리면 다른 곳이 계약할 것이라 여겼다. 나에게는 아름다운 미래가 있기 때문이었다. 웬 근거 없는 자신감? 당시의 몽상은 기가 찰 정도였다. 창업 4년 차가 되면 3월엔 직원들과 제주도로 MT도 떠나고, 몇 년 뒤엔 근사한 사무실로 옮길 꿈을 꿨다. 야, 신난다! 당장 홍보 대행료 줄 고객사도 없는데 말이다. 정확히 14개월 후 쌓인 건 빚뿐이었다. 결국은 폐업했다. 미래만 그리다가 미끄러진 것이다.

희망은 묘한 녀석이다. 마음을 다잡기 위한 필수 요소로 반드시 필요하다. 그런데 희망의 불씨가 꺼지는 순간, 나에게만 안 보였던 문제들이 괴물처럼 등장한다. 망한 사람들이 보유한 공통된 기술이 희망에 취해 발등의 불은 안 끄는 것이다. 눈앞에 벌어진 문제 해결, 즉 매출이 오르지 않으면 실패 사례를 파악해 노선을 바꿔야 한다. 직원 월급 챙기려면 아니꼬워도 굽실대어야 하는 것은 당연하다. 당장 돈 떨어지면 모든 것이 막히니 덤핑을 치든 가격을 인하하든 서비스를 더 주든 해서 어떻게든 돈을 벌어야 한다.

눈앞에 보이는 문제를 그대로 두고 고귀함만 지키면 뭐하나. 부끄럽고 불편하지만 나도 그랬다.

다시 강조하지만, 돈 떨어지면 비장함으로 무장하고 영업을 더 열심히 해야 된다. 대출이 있지 않느냐고? 단기적인 처방이 될 수는 있다. 그런데 아무나 대출해 주나. 실적이나 자산 없이는 제도권 대출이 불가능에 가깝다. 투자금을 유치하려고 해도 마찬가지다. 지인이나 가족에게 돈 빌리는 것도 쉽지 않다. 아무리 호형호제했어도 급해서 돈 빌려 달라치면 자신도 힘들다며 고개부터 돌리는 게 현실이다. 피 한 방울 안 섞이고 같이 일한 적도 없는 투자자들이 당신 뭐 믿고 투자 들어오나?

'내가 지금은 힘들지만 나중에 잘되면….'

나중에 언제 잘될 건데?

2015년 하반기 어찌어찌 계약한 곳이 있었지만 매달 적자였다. 카드사에서 대출을 받았다. 두 달 뒤 카드 대출도 바닥나 보험 대출을 받았다. 2015년 새해 첫 영입 고객사는 계속해서 외상만 달고 있어 7월 이후로는 세금계산서 발급도 안 했다. 그러면서 일은 계속 챙겨 주고 있었다. 거기가 잘되면 나중에 내가…. 아니 지금 당장 돈을 못 받는데 무슨? 2016년 1월엔 햇살론인가 하는 것을 알아보니 내 신용 등급이 높아서 안 된다나? 제3금융권을 통해 또 대출받았다. 지금은 힘들지만 나중에…. 그 와중에 달랑 남아 있던 고객사 회의에 가니 그쪽에서 계약 해지 통보를 했다. 대표를 만나 협상했어야 하는데 너무 개념 없는 그 회사 직원들에게 지쳐 있어 '네, 알겠습니다. 사업 번창하십쇼' 하고 곧바로 나왔다. 아, 그때 대출받으러 돌아다닐 여력으로 혹독하게 영업했으면….

미래만 너무 그렸다. 회사가 망하기 일보 직전인데도 자존심과 아름다운 미래만 생각했다. 내년엔 직원들과 제주도부터 시작해 해외 워크숍을 떠날 거란 꿈만 그리고 앉아 있었다. '생각하는 대로 살지 않으면 사는 대로 생각하게 된다'는 말이 있다. 150퍼센트 공감하는 말이다. 생각하는 대로 곧바로 실행해야 했는데, 생각만 하고 있었다. 미래를 현실로 만들려면 당장 충실해야 하는데, '지금 충실'을 빼먹었다. 아니 현실이 너무 어려우니 애써 외면하고 희망의 불씨만 계속 지피고 있었다. 이러니 망할 수밖에.

저 멀리 있는 미래, 목적지에 도착하고 싶다면 지금 걷는 길을 내려다보자. 지금 걷는 길을 조심조심 살피며 한 걸음씩 나아가야 아름다운 미래가 현재가 된다. 날씨 좋고 길 상태가 좋으면 다른 사람들보다 먼저 뛰어야 하고, 꽝꽝 얼은 빙판이나 폭우로 유실된 길을 마주치면 다치지 않게 조심조심 한 발자국마다 힘주어 걸어야 한다. 그래야 넘어지더라도 피해가 덜하다. 누구나 아는 이런 상식을 실천해야 한다. 상황에 맞게 변화하고 대응하며….

미래에만 시선이 꽂혀 눈앞에 놓인 길이 어떤지 상황을 보지 않으면 자꾸 미끄러지고 넘어진다. 망하는 지름길을 걷는 사람들은 '대도무문大道無門' 정신이다. 큰길, 큰 뜻을 실현하는 데에는 나를 막는 문이 없다. 아니, 아름다운 미래와 큰 뜻을 실현한 사람들은 자신을 막는 문이 많은 걸 알고 잘 살펴 가던데? 다시 말하지만 생각하는 대로 살지 않으면 사는 대로 생각하게 된다. 눈앞의 상황은 확인하지 않고 미래만 보고 나아가면 다친다. 빙판길에 미끄러져 꽈당 하든지, 폭우로 유실된 길을 확인치 않고 걷다가 넘어지고 자빠지고 별의별 꼴을 다 당한다. 터미네이터도 아니니 분명 다치게 돼 있다. 계속해서 다치면 아픈 생각만 들기 마련. 몸이 아픈데 미래고 뭐고 어딨어? 그 자리에 앉아 퍼지는 게 최종이다. 너무 쉽고 실천 가능한 것들이지만 그대로 안 해서 망하는 거다. 이런 쉬운 상식을 실천하지 않아 우스갯소리로 '빚투성이' 아니라 '피투성이'가 된 채 폐업 신고했다. 그리고 이어진 건 인격 실패 취급이었다.

캠핑이 일반화되면서 여름철이면 꼭 이런 경우를 마주친다.

여름 장마 폭우가 쏟아지지만 캠핑장에 빨리 가려고 여기저기 기웃거린다. 가장 가까운 곳은 계곡 건너편이다. 폭우로 계곡은 급류가 넘쳐흐른다. 어떻게 할까 고민하던 중 계곡 너머 뽀송뽀송한 캠핑장을 봤다. 돌아가기 귀찮고 빨리 넘어가서 놀고 싶다. 그러면 계곡 상황을 제대로 봐야 하지 않나? 그런데 눈앞은 살피지 않고 먼 캠핑장만 보고 넘는다. 그러다 휩쓸려서 급류에 갇힌 모습이 뉴스에 나온다.

사업도 마찬가지다. 창업 때 당신이 그린 미래와 희망만 보고 바로 눈앞의 상황을 해결하지 않으면 망한다. 이사 가면 깨끗하게 살 거라며 곧 이사 갈 생각에 청소도 안 한다. 청소 안 하고 한 달 동안 놔둬 봐라. 들어가고 싶나? 집 내놔도 안 나간다. 딴 것 아니다. 아주 간단하다. 눈앞에 벌어진 일을 해결치 않고 미래만 그리면 망한다. 그것도 기필코!

바보들은 항상
결심만 한다

《바보들은 항상 결심만 한다》

맥라건 인터내셔널의 회장이자 CEO인 팻 맥라건이 쓴 책이다. 원제는 'Change is Everybody's Business'로 쉽게 번역해 보면 '모든 사람들의 사업은 변한다' 정도? 변화 관리 분야의 전문가로 수십 년 동안 GE, NASA, 시티뱅크 등의 대기업 자문과 강연을 해 온 사람이 한 말이다. 맞다. 바보다. 창업 후 말아먹은 나 같은 놈과 지금도 실패, 폐업이라는 망하는 길로 들어서는 사람들은 언제나 결심만 한다.

창업하고 7개월이 지난 2012년 10월 제주 올레길을 찾았다. 여기저기 힘든 길을 걸으며 앞으로 진행해야 할 사업 방향과 목적을 구체적으로 그렸다. 저녁엔 게스트 하우스에서 다른 사람들과 어울리며 소시민들을 위한 어떤 일을 할까 궁리했다. 결론은 '일단 돈부터 많이 벌자'였다. 그리고 결심했다. 당장 아니꼽고 치사해도 나중을 위해 한 번 더 고개 숙이기로. '개같이 벌어서 정승같이 산다'는 속담을 실천하기로 결심했다. 그런데 막상 영업해 보니 자존심 상하는 일이 한두 가지가 아니라 수천 가지였다. 개같이 벌어서 정승같이 살아? 차라리 요즘 개들은 나보다 더 많이 대접받던데…. 별것도 아닌 걸로 자존심 상해하며 지냈다.

그로부터 1년 뒤 제주 올레길을 걸으며 똑같은 결심을 했다. 1년 동안 겪은 게 있으니 나도 많이 바뀌었다고 생각했다. 이번엔 진짜라 다짐하며 굳은 결심을 실천하리라 생각했다. 진짜 그랬을까? 그랬으면 내가 지금 이러고 있을까? 결심 후 계획 수립은 예술이었다. 실천 안 하는 버릇은 그대로였다.

굳이 말하지 않아도 다들 끄덕인다. 결심만 하고 실천은 안 하는 것이다. 그럼 망한다. 지금 이 순간 왜 사업이 안될까 하는 초기 스타트업 창업자들은 물론 왜 내 가게에 손님이 안 올까 고민하는 외식업 사장들도 마찬가지다. 고민, 궁리 끝에 나름대로 해법을 찾아내면 실천해야 하는데 안 한다. 고객들을 찾으면 계약하고 방문하는 일보다 상처만 많이 받는 게 기본이다. 이건 당연한 건데 그날은 기분이 나쁘다. 하루 이틀 지나면 아니다 싶어 다시 결심한다. 즉, '결심 → 계획 → 실패 → 다시 결심' 과정만 반복하고 실패에서 나온 교훈을 수정해 실천할 생각을 안 하니 안 될 수밖에 없다.

바이오 벤처를 시작한 대표 한 명을 만나 첫 미팅 때 명함을 받고 놀랐다. 명함에 뭐 그리 많은 직함과 학위가 빼곡히 적혀 있는지. 용산역에서 만나 이런저런 얘기를 하고 계약하기로 구두 합의했다. 그 다음 주 월요일에 연락하니 주변 사람들이 말려 선뜻 계약하기가 힘들다고 했다. 그 후에 결정적으로 내게 큰 결례를 저질러 연락을 끊었다. 그런데 몇 달 뒤 다시 전화로 이번엔 제대로 결심했다나? 만나기로 했는데 연락도 안 받고 사라졌다. 2017년 1월엔 내게 페이스북 친구 신청을 해 왔다. 내가 누군지 아냐고 물으니 홍보 대행사 하던 그 사람인지 몰랐다면서 다시 결심했으니 만나자고 한다.

페이스북, 인스타그램 등의 SNS에서 스타트업, 벤처 기업 등 수많은 창업자들과 나는 친구 사이다. 그들 중 사업이 잘되어 본 궤도에 진입한 사람들은 '결심' 후 '실행', '실천'하는 과정을 올린다. 대부분의 글은 이렇다.

'오늘 이런 거 해 보기로 결심. 며칠 동안 해 보니 이런 문제 발생. 이렇게 바꿔야 할 것 같음'

'결심 후 계획 수립 완료. 한 달 동안 실험'

그런데 사업이 안되는 사람들은 핑계 없고 이유 없는 무덤 없다고 그 사람들 핑계와 이유만 모으면 공동묘지 수천, 수만 개도 만들 정도다. 여기에 새로운 걸 발견해 새롭게 시작하겠다는 결심만 한다.

알 만한 대기업 출신의 창업자 한 명은 사업해 돈 버는 것보다 강의, 연구에 몰두 중이다. 뭐든 물으면 말은 청산유수다. 알아듣기 힘든 기술만 잔뜩 설명한다.

"아니, 그러니까 그걸 어떻게 할 거냐니까요?"

"지금 강의 들어가서 바쁘니 나중에….."

그래 놓고 페이스북을 보면 결심과 다짐만 가득하다. 대기업 그만두고 나온 거창한 이유는 계속해서 늘어놓는데 그럼 돈 버는 사업은 언제 하겠다는 건지.

결심만 계속하는 바보들은 자기가 하는 결심이 예전에 한 것과 똑같다는 것을 알아채지 못한다. 그리고 이번에는 굳건한 마음을 보이기 위해 나름대로 결심하는 그 순간 비장한 마음을 표현한다. 혼자 보는 일기가 아니라 SNS나 블로그에 남기면서.

스스로 예전에 어떤 결심들을 했는지 한번 뒤져 보시라.

'내가 이런 말을 했나?' 싶을 것이다. 심할 경우 손발이 오그라드는 감정도 느낄 수 있다. 공표되는 글은 위험하다. 당신만 보면 되는데 다른 사람들이 다 본다. 결심만 하고 실천을 안 하면 최측근 지인부터 멀게는 본 적도 없는 소비자와 거래처 사람들까지 흔들린다. 약속에 신용도가 확 떨어지는 것이다.

심할 경우 그때 늘어놓은 결심과 말 한마디가 비수가 되어 돌아온다. 흡사 정치판과 연예계에서 잘나가던 정치인, 연예인이 예전에 올린 글 하나 때문에 빗발치는 비난 여론을 감당치 못하고 잠시 잠수하는 것처럼 말이다. 그런데 그 사람들이야 유명인이고 벌어 놓은 게 있으니 나중이란 게 있다. 이들은 예외에 속한다.

결심했으면 실천해야 한다.

실천하다가 생기는 조그만 실수나 실패는 교훈으로 삼아서 되풀이하면 안 된다. 지구에 있는 모든 사람들은 결심하고 실천 안 하는 사람보다 실천으로 생기는 후유증을 딛고 일어서 재기하는 모습에 열광한다. 특히 '금수저', '흙수저'에 '헬조선'이란 단어가 난무하는 대한민국에서는 이런 모습에 갈채와 지지를 보내고 친근감을 나타낸다. 실패를 딛고 애쓰는 모습에 감동을 한다는 얘기다.

잘난 척 같지만 내가 현재 경험 중이다. 그래서 너무나 이 상황에 대한 이해가 잘 된다.

어떻게 해서든 지난 과오와 빚을 딛고 일어서려고 하니 내 능력을 의심하던 가족과 지인들의 격려가 계속되고 있다. 이런 격려가 처음인지라 누가 칭찬하면 솔직히 어떻게 해야 할지 몰라 어리둥절하다. 어쭙잖은 경험으로 이 책을 쓰는 것도 이 때문이다.

작은 결심이라도 잘 지키면 사람이 달리 보인다. 그런데 결심, 결심, 결심, 또 결심이라면 듣기만 해도 지긋지긋하다.

3년 전 친분 있는 기자와 한잔하며 투자를 잘해 100억 원대 자산가가 된 사람의 얘기를 들었다. 투기 말고 투자! 그 기자도 취재로 만난 게 아니라 다른 지인과 동석하는 자리였다고 한다. 그날 옆에서 자기 인생에 큰 도움이 될 수많은 금쪽같은 조언을 주워 담았다고 했다. 그중 내가 전해 들었던 말 하나가 결심을 실행 못하는 '결심 장애'다. 정말 크게 와 닿았다. 투자할 때 창업자의 마인드와 어떤 사람인지를 꼭 확인하란 말은 많이 들어서 잘 알았지만 '결심 장애'는 처음 듣는 말이었다. 어쨌든 그 자산가의 일화를 전해 듣고 고개를 끄덕일 수 있었다.

그 자산가는 지인을 통해 괜찮은 산업 분야의 기술력 있는 회사를 소개받았다.

그동안 성공한 투자 촉으로 나름대로 확인하고 분석하니 매력 있는 투자처였다. 곧바로 그 회사 창업자를 만났다. 처음 만나 직접 설명을 들으니 이건 무조건 투자해야겠다는 생각이 들었다고 했다. 그래서 투자하기로 이미 마음속에서 결정을 내렸는데 하나가 마음에 걸렸다는 거다. 자신이 투자 결정을 내릴 정도면 다른 곳에서도 분명히 덤볐을 텐데 왜 투자자가 없었을까? 그래서 시간을 두고 지켜보기로 했다고. 시간이 지나자 마음에 걸렸던 것이 고스란히 나타났다. 해당 벤처 창업자는 기술은 좋은데 영업, 마케팅 등 돈 벌 생각은 거의 안 하고 있었다. 그 기술을 접목시켜 거래처, 고객이 원하는 제품을 만들어 뛰어다녀야 하는데 여기저기 자문 위원, 대학 시간 강사 같은 일에만 열심이었다는 거다. 여기에 더해 정부 연구 사업 제안서 작성에만 열심이었다. 답답해서 만날 때마다 기분 나쁘지 않게 격려하며 사업에 전념하라고 조언하니 그때마다 새로 확인한 신기술을 얘기하며 제대로 영업 뛰겠다는 말을 했다는 것이다. 또 전문 영업 사원을 둘 참이니 얼른 투자해 달라는 얘기도 했다. 그렇게 1년 가까이 보다가 결국 투자하지 않기로 하고 연락을 끊었다고 했다.

호기심에 그 사람 이름을 물어 검색으로 확인했다. 자산가 말이 맞았다. 결심하는 취미가 있는지 몰라도 한 달 간격으로 비슷한 결심을 페이스북, 트위터에 잔뜩 올리는 바보였다. 실행만 했다면 크게 성공했을 것으로 보이는 말들이 많았다. 번뜩이는 아이디어들을 실행하지 않으니 굴러들어 온 복을 스스로 내팽개친 것이다.

이런 평가를 하는 나도 결심 장애에서 자유롭지는 않다.

중학교, 고등학교 시절에 시험 잘 봐서 성적을 올리겠다고 마음먹은 뒤 제일 먼저 한 것이 책상 정리였다. 공부만 하려고 하면 왜 그리 책상이 어지러워 보이는지…. 그 짓거리는 두 달에 한 번 반복됐다. 1993년 고등학교 3학년이 한 달 앞으로 다가오자 갑자기 앞길이 막막해졌다. 대학 못 가면 어쩌지? 내신? 뒤에서 네 번째였다. 거기다 수능 1세대. 절벽 앞에 서 있는 기분이었다. 겨울 방학 보충 수업 후 부모님을 설득해서 학원 다니고 학습 비디오도 구입했다. 결심을 다잡기 위해 머리도 빡빡 깎고 말이다. 헤어스타일이 좀 과했는지 방학 끝나고 개학했을 때 교문 앞에 서 있던 선생님한테 '반항기가 보인다'는 이유로 두드려 맞았다. 진짜다. 이 악물고 열심히 하겠다고 삭발했는데 공부도 못하는 놈이 반항까지 한다는 이유였다. 지금 자칭 '날라리 PR업자'로 살지만 내 인생 최고의 결심을 실행한 때는 그때였다. 1년 동안 죽어라 공부해 내가 원하는 역사 공부를 할 수 있게 됐다. 앞서 얘기했지만 공부는 기준점만 통과하면 끝이다. 사업은 전혀 다른 세상이다.

재기에 성공한 사람들이 입을 모아 하는 말이 있다.

'두 번 다시 망한 그때로 돌아가기 싫다.'

그들은 심장과 머릿속에 실패에 대한 두려움을 새기고 산다.

그들이 결심한 바를 실천하는 에너지는 여기에서 나온다. 우물쭈물하다가 같은 상황에 빠질 수 있다는 우려다.

나도 마찬가지다. 2016년 2월 사무실 정리할 때의 참담함을 절대 잊을 수가 없다. 8월 달에 고작 2500원이 없어 시원한 맥주 한잔 마시지 못하고 입맛만 다셨던 비참함도 생생하다. 이게 다 말아먹기 전에 결심만 하고 실천하지 않아 생긴 '참사'다. 경험 삼아 이런 일을 겪고 싶은가? 부디 경험하지 않기를 바란다. 단순히 경험이라고 표현하기엔 당신뿐 아니라 주변 사람들에게도 고통이다.

3장

현실,
냉정하다

창업자의
일반화 오류?

'이 또한 지나가리라.'

어느 종교 문헌에 나오는 말이다. 많은 이들이 힘들거나 지칠 때 위안을 준 명언이다. 그런데 창업자나 사업가라면 고개를 그냥 끄덕이면 안 된다. 시련을 그냥 지나가는 것으로 일반화했다가는 존재 기반이 흔들리기 십상이다. 때문에 어떤 시련도 일단은 그냥 지나가지 않을 것이라고 보는 게 안전하다.

다른 문제도 아니고 사업하면서 겪는 시련이나 문제까지 단순히 지나가는 것으로 치부하는 현상을 나는 '창업자의 일반화 오류'라고 부른다. 이런 오류에 빠지면 무슨 문제에서든 일단 버티는 자세로 자연스레 돌변한다. 문제가 심해지면 더욱더 최선을 다해 버틴다.

대한민국 창업자들 중 '아, 이거 쉽네', '금방 하겠네' 하는 식으로 생각하고 시작한 사람은 거의 없다. 심지어 잘되는 음식점을 물려받은 자식들도 일을 쉽게 생각하지 않는다. 굳센 각오를 넘어 달랑 열두 척 남은 배를 끌고 조선의 운명이 판가름 나는 명량해전에 출전한 이순신 장군처럼 비장함으로 무장한다. '당연히 어려울 것'이라 스스로 다짐에 다짐을 한다. 성공까진 어려운 길이라 마음을 단단히 먹는다.

이런 마음가짐이어야 성공 확률이 올라간다.

불행히 나는 그렇지 않았다.

낙관론자였던 나는 막연히 잘될 것이라고 생각했다. 매출은 그대로인데 자금은 줄어들고 있었다. 계약하겠다는 곳들은 웬일인지 계약서에 도장 찍기를 미뤘다. 어려움은 예상된 결과였다. 그때 생각했다.

'그래, 이건 내가 예상했던 그 어려움이야. 올 게 왔구나.'

굳건한 마음이 생겼다. 버티기로.

시간이 갈수록 망할 확률은 하염없이 올라갔다.

2015년 7월 신규 고객사 영입 후 2016년 2월 폐업하기까지 정기 계약 건수는 '제로'였다. 생활비는 둘째 치고 직원 월급도 못 줄 상황이었다. 급한 대로 카드사에서 대출받았다. 더 힘들어져 보험 신용 대출도 받았다. 영업 기미가 보이자 잠시 사무실에 놀러 온 지인에게 영업 리스트를 보여 주며 손을 벌렸다. 이렇게 융통한 돈이 바닥을 보이자 그 다음엔 캐피탈 대출을 받았다. 빚, 빚, 빚…. 빚낸 돈도 2016년 1월로 넘어가며 바닥이 났다. 결국 '무대리' 광고 카피로 유명한 제3금융권을 찾아가 돈을 끌어다 썼다. 거짓말 하나도 안 보태고 사채까지 끌어다 쓸 뻔했다. 이때부터 폐업까지 내가 했던 짓은 화이트보드에 적힌 신규 영업 대상을 보며 '일단 버텨 보자'에 더해 '이 또한 지나가리라' 자위하는 일이었다. 바보도 이런 바보가 있나.

'당연한 어려움'을 '당연시'하고 '버티자'로 일관하면 결론은 폭망이다. 폭망 정도가 아니라 악성 채무에 시달리게 된다. 이런 상황은 반드시 찾아온다. 어려움을 극복할 방법을 찾아 실행했어야 했다. 당장 힘들어도 더 부지런히 고객사를 찾아가서 영업 제안을 하고, 대행료를 깎아 주며 협상을 하든, 더 좋은 조건을 제시하든 어두운 터널을 빨리 탈출하는 방안을 찾았어야 했다. '바람은 계산하는 것이 아니라 극복하는 것이다'라던 영화 〈최종 병기 활〉의 명대사를 현실에 응용해야 했다. 불행히도 일반화 오류에 빠지면 장사가 없다.

내가 자주 가던 맥주바의 사장도 그랬다.

빚 갚는 동안 허리띠를 졸라매서 한동안 집 앞의 단골 맥주바를 못 갔다. 저녁이면 가볍게 맥주 한잔하기 좋은 최고의 장소였는데 몇 달 만에 찾으니 언제나 사람들로 바글거리던 그곳이 한산했다.

맥주바 사장이 오랜만에 왔다며 반겨 줬다. 두 잔째 마시다가 손님이 줄어든 게 얼마나 됐는지, 예전에 비해 사람이 얼마나 빠져나갔는지 물으며 걱정했다. 이른바 단골 찬스. 좋아하는 단골집을 살려야 오랫동안 찾을 수 있기에 주워들은 걸로 코치해 주려는 순간 맥주바 사장은 "이런 때도 있고 저런 때도 있으니 뭐버텨 봐야죠"라고 한다.

순간 흠칫했다.

"제가 그러다 망한 걸 뻔히 알고 있으시잖아요."

난 기분 나쁠까 봐 돌려 말했다. 반응이 없기에 "별것 없겠지만 그래도 머리 한번 맞대 보자"고 했는데도 요지부동이었다.

'이 순간만 잘 넘기면 될 거다', '다들 힘드니 나도 버티면 된다', '손님들이 날이 더워 잠시 안 온 거지 곧 올 거다' 등 일반화 오류에서 비롯되는 전형적인 문장들이 나왔다. 이 분도 나처럼 되면 안 될 텐데⋯. 내가 좋아하는 가게가 이대로 망할까 싶어 아이디어 몇 개를 던졌다.

주변에 소주가 주력인 곳과 제휴하라는 둥, 고객들 데리고 2차는 이리로 꼭 올 것이라는 다짐까지 늘어놓았다. 뭐라도 참고가 되면 하는 마음에 한참을 이야기했다. 일반화 오류의 마수에서 구해 내겠다는 일념이었지만 그는 그 마음만 받은 듯했다. 아니나 다를까 그 맥주바 사장은 정확히 한 달 반 뒤에 폐업했다. 지금 그 자리엔 1인 곱창집이 생겼다. 야근 후 퇴근길에 가볍게 맥주 한잔하던 추억의 맥주바가 사라진 것이다. 너무나도 아쉬웠다.

냉정하게 생각해 보자. 문제가 생겼을 때 버티면 언제까지 버틸 수 있겠나? 창업자의 일반화 오류에 빠지면 막연한 희망에 단순한 계산이 안 된다.

물론 기다리면 풀리는 문제도 없는 건 아니다.

그러나 최소한 내 시선에서 보면 '아니올시다'다.

80킬로그램 쌀 한 가마니를 등에 지고 언제까지 서서 버틸 셈인가? 처음 등에 지고 일어서면 한동안은 서 있을 수 있다. 시간이 지나면 어떻게 할 것인가? 여기에 한여름 땡볕이 내리쬐는 상황이라면? 갑작스런 폭우로 비바람이 치는데도 그냥 서 있을 것인가? 버티기에 있어 기네스 신기록 달성이 사업 목표인가? 들고 서서 버티는 게 능사가 아니라 그 상황을 극복하기 위해 힘들어도 발걸음을 옮겨 집이나 목적지에 도착해 내려놔야 한다! 쉽게 말해 어려움이 닥치면 얼른 극복할 방안을 찾아 피하든지 버티는 시간을 줄여야 한다.

일단은 방법이 없어 버티는 창업자들 중 그나마 다른 사람 조언을 들으려고 돌아다니는 사람은 현명한 편이다. 힘든 과정을 조금이라도 줄이기 위해 자신이 생각지 못했던 아이디어를 찾으려 노력하기 때문에 그만큼 어려움을 빨리 극복한다.

서양 격언에 '자서전을 믿지 마라'란 말이 있다.

즉, 자서전은 성공한 사람들 얘기고 성공에 이르기까지 과정을 줄여 놓은 것이기에 놓치는 게 많다는 뜻이다. 여기에 사족 하나 더 붙이면 자서전에 나오는 어려움은 앞서 얘기한 것처럼 우리가 상상도 못 하는 것이다. 창업자들은 자기 인생의 롤모델이 하나씩 있다. 책장이나 서재를 뒤져 보면 롤모델이 쓴 자서전이 꽂혀 있다. 그 자서전에는 한결같이 어려움을 극복해 나가는 얘기가 있는데 그걸 초기 창업자들은 버티기로 오해하고 있는 것이다. 자서전 쓸 정도가 됐으면 돈 좀 벌었고 작정하고 망하려 들지 않는 이상 그런대로 굴러가는 안정권에 있는 거다. 거기서 말하는 버티기를 스타트업, 매장 오픈한 지 1년밖에 안 된 사람들이 똑같이 하려 드니 망할 수밖에 없다.

사업만 잘해 봐라.

절대 위기 상황, 이런 버티는 상황은 찾아오지 않는다. 잔병

치레 잦은 사람이 장수한다고 병 걸릴 것 같으면 걱정하고 병원 찾아 미리 확인하는 사람이 오래 산다. 사업도 마찬가지다. 미리 예측하고 움직이면 버티는 상황은 오지 않는다. 그런데 대부분 창업자들은 '100퍼센트 잘되지는 않을 것'과 '분명 어려움이 닥칠 것'이란 예상만 한다. 심하게 말하면 예상한 어려움을 미리 확인해 해결할 생각은 하지 않고 정류장에서 버스 기다리는 사람처럼 오히려 기다리는 모습이다.

버티지 말고 극복해야 하는데 버티기만 한다. 극복이 뭔지 모른다. 아니 극복하려는 생각보다는 일시적 현상으로 치부한다. 하루 24시간, 일주일 7일, 1년 12개월. 이렇게 기간을 두고 지난 시간 있었던 일을 차분히 뜯어보시라. 조그만 실패들이 모여 폭망으로 이끌듯 그 조그만 실패들이 모이면 버티기 상황으로 몰고 간다.

버티자, 이 또한 지나가리라. 그러나 버티기만 하면 당신이 사라지리라.

세상에
공짜는 없다

2013년 8월 한 스타트업을 소개받았다. 아직 매출은 약하지만 점진적으로 화살표가 오르는 모습이었고 창업주를 만나서 술 한잔하니 사람도 좋았다. 술자리에서 이런저런 얘길 하다 공통 관심사는 물론 창업 시기도 비슷해서(그래 봐야 이전 해인 2012년) 말이 잘 통했다. 두 번째 만났을 때 의기투합하기로 했다. 나는 PR뿐만 아니라 대신 영업도 해 주기로 하고 그쪽에선 당장 돈이 없지만 최저 활동비와 재계약 시 대행료 인상을 약속했다.

그렇게 시작해 첫 달이 지났다.

회의 때 세금계산서 발급 얘기를 꺼내니 익숙한 대답이 돌아왔다.

'지금은 곤란하다. 조금만 기다려 달라'는 식이었지만 서로 믿기로 했으니 그렇게 했다. 두 번째 달엔 인맥을 동원해 알고 지내는 모 중견 기업 임원을 소개시켜 주고 서로 얘기가 잘 통하게 기름칠도 했다. 어려운 자금 사정은 어쩔 수 없기에 소심하게 "형님이 잘해 주셔야 저도 술 한잔 살 수 있습니다"라면서 뼈 있는 우스갯소리를 덧붙였다. 일 진척이 잘된다는 귀띔을 들었다. 사업이 전반적으로 잘 돌아간다는 이야기였다.

당연히 다음 달에는 약간이라도 수고비를 지불할 것으로 알고 세금계산서를 발급했다. 그런데 반응이 걸작이다.

'아직 돈을 많이 못 버는 사람한테 벌써 세금계산서를 발급하면 어떻게 하느냐'는 것이다. 미안한 기색은 전혀 없고 억울하고 화가 난다는 반응이었다. 난 뭐 땅 파서 장사하는 것도 아닌데 본인 생각만 하는 것 같았다. 싫은 기색은 안 보였지만 혹시나 해서 석 달째에는 태업에 들어갔다. 어떻게 하나 보려고 연락을 일부러 줄였다. 물론 아이디어는 전혀 제공치 않았고 이렇게 하면 조금이나마 내 마음을 알아주지 않을까 하는 기대였다.

그런데 돌아온 건 원망이었다.

"없는 사람 도와준다고 해 놓고 왜 일을 안 합니까? 돈 생기면 준다고 했잖아요?"

미치고 환장하겠다. 내가 공짜로 일을 해 준다고 했나? 최저 활동비조차 안 주면서 뭐 어째? 최저 활동비도 못 줄 정도냐고 조심스레 물으니 "내가 돈이 없어 그런 줄 아느냐?"란다. 아깐 돈이 없어 못 준다면서, 이젠 돈은 있는데 기분 나빠 못 주겠다는 식이다.

결국 거기서 인연을 끊었다. 지금 같았으면 악착같이 내용 증명 보내고 돈을 받아 냈겠지만 그땐 내가 사람이 참 좋았다.

창업 전에 '어? 금방 하겠는데'라거나 이후에 '나 석 달 만에 자리 잡았어'라고 말하는 사람은 없다. 어려운 가시밭길을 각오하고 시작한다. 만약 창업 후 별 어려움 없이 1년 만에 자리 잡았다 생각하는 사람이 있다면 꼭 연락 바란다. 가서 노하우 배우고 PR 대행 무료로 석 달 동안 해 주겠다. 왜? 공짜는 없으니까. 매우 당연한 소리다. 그 사람의 노하우는 '자산'이다. 그걸 내가 날로 먹으면 범법자니까.

2014년 정말로 어쩌다 보니, 본의 아니게 스타트업이 많이 모인 카페에 가입했다. 그리고 대표 운영자와 말 몇 번 했는데 곧바로 언론 홍보 분야 게시판을 맡게 됐다. 이게 웬 떡…? 어쨌든 겸사겸사(?) 오프라인 모임에 나갔다. 거기서 수많은 사람을 만나 봤다. 2015년에 가장 많이 나갔는데 요즘엔 자주 참석을 못한다.

이유는 세 가지다. 대행료 지급하는 고객사가 내겐 최우선이다. 사업하니까. 돈 주는 사람 챙기는 게 우선이다. 이건 두말하면 잔소리다. 두 번째는 말이 안 통해서다. 벽 보고 말하는 게 좋다는 생각도 들고…. 어쨌든 말이 안 통하는 이유는… 나중에 얘기하자. 마지막으로는 공짜 바라는 사람들이 많아서다. 나도 먹고 살아야 하는데 왜 그리 공짜를 바라는지 모르겠다.

나도 당신들처럼 사업하는 중이다. 자선 사업도 아니고 집에 돈이 많아 남들에게 베푸는 것도 아니다. 사업의 정의는 각자 다르겠지만 보통 가장 큰 목적은 윤리와 법을 지키면서 이윤을 창출하는 것이다. 사업에 있어 이윤은 곧 생명줄이다.

이윤을 통해 내 경제생활도 영위해야 하고 직원이 있으면 월급과 보너스도 챙겨 줘야 한다. 나의 경우 재기전을 겪으면서 느낀 게 많아 통장에 얼마의 잔고가 쌓이면 가능한 수준에서 나누려 한다. 여유가 생기면 내가 일어서기까지 입은 은혜를 다른 형태로 스타트업에 무료로 돌려줄 생각이다. 지금은 아니다!(ㅜㅜ)

물론 나도 공짜 좋아하는 사람들을 무작정 욕할 입장은 못된다.

사업 시작하면서 노트북과 프린터는 카드 무이자 10개월 할부로 북 긁었다. 영업하러 다니면서 여기저기 신세도 많이 졌다. 기껏 고맙다고 한 건 고개 숙이고 나중에 잘되면 꼭 보은하겠다는 립서비스밖에 없었다. 미움속으로는 '내가 당신에게 평소에도 잘했으니 당연한 결과'란 얼토당토않은 생각이 스멀스멀 올라왔다. 날강도도 이런 날강도가 없었다.

도움을 받았으면 언젠가 갚아야 한다. 내가 도움을 줬다면, 내 정신 건강을 위해 잊어버리는 게 좋다.

난관에 부딪혀 망하는 급행열차에 오르니 도움을 주고받았던 사람들이 생각났다. 이들에게 한 번 더 부탁할까? 찾아갔을 때 99퍼센트는 어이없다는 표정이었다. 원망하는 마음도 들었지만 지금은 충분히 이해한다. 피를 나눈 형제도 전화 한 통 안 하면 섭섭한 법인데, 하물며 피 한 방울 안 섞인 내가 공짜 마인드로 받으려고 한 것이다. 변명할 여지가 전혀 없다.

그럼에도 나도 사람인지라 나에게 이렇게 요구하는 사람에게는 짜증이 난다.

내가 그러고 있는지도 모르는데 말이다.

노무, 세무 정보는 사업 필수 요소다. 창업자들은 잘 모르는 분야다. 여기저기 알음알음 소개를 부탁해 노무사, 세무사를 만나러 돌아다닌다. 만나러 가니 제법 규모도 있고 좋아 보인다. 잘 모르는 분야니 염치없지만 사정사정해 노무, 세무 관련 상담을 받는다. 처음엔 잘 몰라서 굽히고 들어갔는데 설명을 듣고 보니 별거 아닌 것 같다. 상담료가 괜히 아까워진다. '고맙다'는 립서비스를 날리고 '내가 잘되면(대부분 이렇게 말한다. 부끄럽지만 물론 나도⋯) 꼭 계약하겠다'고 말하고 나온다.

며칠 뒤 다른 곳에서 내 서비스 혹은 상품에 대한 문의가 들어왔다. 잘하면 대규모 구매는 물론 고정 거래처가 생길 것 같다. 득달같이 달려가 미팅 후 추가 서비스 제공을 약속했다. 상당히 긍정적으로 보기에 기분 좋게 끝내고 부푼 가슴으로 퇴근했다. 그리고 난 뒤 체험 혹은 샘플 요청이 들어왔다. 오케이. 더 필요한 것은 없나 더 많이 챙겨 줬다. 그런데 좋게 얘기해 놓고 체험, 샘플만 쓰고 계약하자는 얘기는 꺼내지 않는다. 진정한 얌체는 더한다. 일단 무료 기간을 더 많이 늘려 보면 진지하게 생각해 보겠다고 한다. 뭐 이런 인간이⋯.

역지사지易地思之란 고사성어가 이럴 때 딱 맞다.

내가 별것 아닌 거 같아 무료 상담하고 체험해 보는 건 당연하다. 그런데 내 서비스와 상품 무료 체험을 계속해서 요구하는 것들(?)은 천하의 나쁜 놈으로 보인다. 내가 그걸 어떻게 만든 건데⋯. 쉽게 말하면 정당한 대가를 지불할 생각을 '못' 하는 게 아니라 '안' 하는 거다. 당신이 창업할 때 힘들게 준비한 아이템이 공짜나 별거 아닌 것으로 취급받으면 기분 나쁜 것처럼, 당신이 공짜로 쓰려는 그것들을 제공하는 사람 마음은 생각해 봤나?

스타트업 카페 모임에 안 나가는 이유가 이런 것이다. 물론 사업하면서 처음부터 도장 찍고 시작하는 건 아니다. 내게 궁금한 걸 물어보면 알려 준다. 여기서 문제는 이게 다 공짜라고 생각한다. 학교 다니며 선생님한테 모르는 걸 질문하는 것처럼 치부해 버린다는 것이다. 날 먹여 살리는 기술과 능력을 공짜로 제공하면 난 뭐 먹고 사나? 여기에 더해 만난 지 얼마 되지도 않은 사람의 얘길 일부분만 듣고 설명해 줬을 때 '당신이 몰라서 그런 거다'란 소릴 들으면 기분 참 좋겠다.

필요한 게 있으면 정당한 대가를 지불해야 한다. 집에서 키우는 강아지, 고양이도 먹을 거 챙겨 주고 예쁘다고 쓰다듬어 줘야 더 안긴다. 예쁘다고 키우는 강아지, 고양이에게 들어가는 돈은 안 아깝고 다른 사람의 정당한 경제, 노동, 서비스 행위는 '스타트업', '초기 창업자'란 우산 내밀면서 공짜로 이용하려는 건 무슨 심보인가? 단골 식당에서 서비스 안주, 반찬 내놓는 것도 많이 팔아 줘서 그런 건데, 자신만의 매력으로 착각하는 인간들이 많다.

공정한 대가를 지불해야 당신에게도 정당한 대가가 돌아가기 마련이다.

세상 좁다. 누구의 아이디어를 날로 먹기 시작하면 금방 소문 난다. 30대 초반 주니어 홍보 담당자 시절에 같은 홍보 업계 선배랍시고 모 중견 기업 PR 담당자와 식사를 두 번 했다. 별 관심도 없었지만 '혹시나 영업' 생각과 함께 '그래도 PR 업계 선배'란 생각에 만나서 밥을 먹었다. 식사하는 자리에서 '어? 이것도 모르나?'란 느낌이 들었다. 자기보다 네 살이나 어린 홍보 대행사 대리 나부랭이에게 이것저것 묻기에 '뭐 이 정도쯤이야…'란 생각으로 그냥 알려 줬다. 시간이 지날수록 도가 지나쳐 갔다. 사람을 이용하려면 비용 지불이 원칙이다. 전쟁 대신해 주는 용병을 돈도 안 주고 날로 부려 먹으려 덤빈 것이다. 동네 바보도 아니고, 정도가 지나쳐 곧바로 연락을 끊었다. 그러다 다른 홍보 담당자들과 한잔하며 그 사람 소식을 접했다. 평판과 여론을 챙겨야 할 홍보 담당자가 안줏감이 돼 있었다. 자신도 모르게 업계에 유명 인사가 된 것이다.

사업이 힘든 것 안다. 하지만 공정한 대가를 지불하려는 태도는 적어도 지키려고 해야 한다. 당연히 공짜를 바라는 것은 하늘과 땅보다 더한 차이로 결과가 돌아온다. 돈 없다고? 당장 돈 모자라면 협상해서 나눠서 지급하는 등 방법을 찾아 상대방에게 제시하면 된다. 지분을 제공하는 등 방법은 찾으면 수두룩하게 나온다. 기브앤테이크Give & Take는 사업에서 최고의 황금률이다.

소소한 자랑이지만 지금 거래 중인 세무법인에 내가 아무리 어려워도 세무기장료 펑크 내는 일이 없었다. 폐업 때 소득조정료 못 줬던 건 다시 창업하고 만났을 때 사과하며 입금했다. 고맙게도 그럴 줄 알았다는 반응이었다. 대표 세무사 성품이 원래 좋기도 하지만 일 맡기면서 내가 정당한 대가를 지불하고 약속은 지킨다는 모습이 그쪽에 심어진 듯했다. 다시 사업을 시작한다고 하자 대표 세무사는 여기저기를 소개해 줬다. 당장 결실을 맺은 곳은 없지만 최소한 그 마음은 돈을 주고 살 수 없다. 나도 그 마음에 보답할 생각이다.

왜
나만 이럴까

장면 #1

부푼 마음에 내 가게를 차렸다.

인테리어 마치고 내일이면 정식 오픈. 설레는 마음에 잠이 오지 않아 늦은 밤 그냥 한번 가게에 나와 봤다. 막상 마음먹고 인테리어 시작했을 땐 겁이 났는데, 이제 매장이 달리 보인다. 테이블에 모여 앉아 손님들이 얘기하는 모습이 그려진다. 주방에 들어가 일하는 나를 상상한다. 그래 내일부터다. 이제 시작이다. 열심히 해서 꼭 성공한다. 굳은 각오에 절로 주먹이 쥐어진다.

아침이다. 드디어 첫 오픈, 출발! 고객들에게 최고의 서비스를 제공하기 시작했다. 한 달 동안 열심히 하니 뭐가 좀 보인다.

탄력 받아서 더 열심히 한다. 그런데 어느 순간 손님이 줄고 피크 타임에도 빈 테이블이 더 많다. 왜 이러지? 이런 게 이른바 '개업빨'인가? 처음 몇 달만 잘된다는데 진짠가? 슬슬 마음이 조급해진다. 오픈 전날 밤 고요한 매장에서 만난 예쁜 테이블은 시간이 지날수록 손님은 안 보이고 비워진 채 있으니 그때 마음은 온데간데없이 미워 보인다. 이상하다. 초조한 마음만 들고, 시간이 지날수록 손님 숫자가 줄어든다.

서비스도 최상에, 진상 손님이 와도 웃으며 고개 숙였는데 왜 안 들어오지? 고개를 드니 맞은편 다른 가게로 눈이 간다. 어? 별것 아닌 것 같은데 나보다 상황이 낫다. 주인과 매일매일 얼굴 마주하며 인사는 한다. 그래도 기분 나쁜 건 어쩔 수 없다. 같은 업종은 아니어도 저쪽 매장에 북적대는 손님을 보니 괜스레 기분 나쁘다.

답답한 마음에 가게 문을 열고 나가 주위를 둘러봤다. 같은 라인에 들어선 다른 비슷한 가게를 보니 거긴 손님들이 가득 들어차 있다. 뭐 특별한 거 있나? 고민하다 메뉴도 추가하고 가격 할인에 쿠폰도 만들고 이것저것 손대 본다. 그래도 마찬가지다. 왜 이러지? 옆 가게는 별것 없어 보여도 잘되는데 왜 내 가게만 이래? 평소 웃고 지내던 이웃 가게 사장들이 어느 순간 웬수처럼 보이기 시작한다.

장면 #2

요즘 스마트폰이 대세니 앱 제작 사업을 준비했다. 다른 개발자보다 실력이 좋은 건 물론이고 마케팅 쪽으로도 충분히 컨설팅해 줄 수 있다. 근거 없는 자신감이라 하지만 맨손으로 시작해 성공하려면 나부터 믿는 게 최선이다. 우선 사람들이 많이 모일 양질의 콘텐츠를 채우자. 당장 유료로 제공하면 안 되겠고 무료 서비스 후 유료로 전환해야겠다. 다운로드 수, 회원 수가 늘어나면 자연히 광고 수익이 따라올 것이다.

어느 정도 다운로드 수가 확보됐다. 투자받으러 갔지만 시큰둥한 반응이다. 그렇다면 지금까지 벌어 놓은 돈으로 더 멋들어지게 해야겠다. 없는 돈에 실력 있는 디자이너를 소개받아 채용했다. 앱 업데이트를 하고 돌아다니며 영업도 하니 광고가 적당히 붙었다. 이제 앱 다운로드 수가 늘어날 것 같다. 그리고 기다렸다. 다운로드 수가 늘어나는 것 같더니 어느 순간부터 정체다. 이상하네? 내가 서비스하는 것과 비슷한 앱을 찾아봤다. 뭐 그리 특별난 기능도 없다. 디자인은 말할 필요도 없고 포인트도 나보다 덜 준다. 근데 거긴 잘되고 이거 왜 이런지…. 왜 나만 이래?

맞다. 왜 나만 그럴까? 원인만 제대로 찾으면 금방 올라설 것 같은데 아무리 궁리하고 고민하고 머리를 쥐어짜도 답이 안 나온다. 독설이랍시고 잘난 척 지금 글 쓰는 나도 PR 대행업, 언론 홍보와 마케팅 컨설팅이 주 업무다. 잘나간다는 다른 홍보 대행사보다 서비스는 더 많이 해 준다. 단순한 언론 홍보 아이디어뿐만 아니라 정책 부서, 관공서를 대신 상대해 주는 대외협력 업무와 방향도 잘 잡아 준다고 '자부'한다. 여기에 컬래버레이션이랍시고 고객사가 더 잘될 수 있게 모든 인맥 동원해서 연결시켜 준다. 그것만? 필요할 때 영업도 대신 뛰어 주고, 선수급은 아니어도 김치 담가 먹으며 살고 적당히 음식도 할 줄 알아 외식업체 만나면 컨설팅하면서 메뉴도 같이 짠다. 내가 알고 있거나 선수들에게 전수받은 레시피도 전달해 준다. 물론 비슷한 정보가 생기면 곧바로 토스해 준다. 그런데 왜 다른 PR 대행사들처럼 확 올라가지 않지?

초기 창업자들이 놓치는 것이 바로 이 부분이다. 남들은 잘되는 것 같아 보이지만 그들도 답답하다. 오히려 날 보며 '저긴 뭔가 있을까?'라고 생각할지 모른다. 아니면 자기보다 잘되는 곳 보고 '왜 나만 이럴까' 답답해할 수도 있다. 그런데 소비자, 고객, 손님으로 눈을 돌리면 의외로 답은 단순하게 나온다. 외식업을 예로 들어 '단골손님'을 머릿속에 한번 떠올려 보자.

단골집 없는 사람은 없다. 자기가 직접 음식 만들고 외식업을 운영하는 사람도 잘 찾아가는 단골집은 꼭 있다. 오랜만에 가도 단골집은 들어갈 때부터 대접이 다르다. 단골집에 가면 주인이 기호를 정확히 파악해 다 챙겨 준다. 아무리 바쁘고 자리가 없어도 단골이 찾으면 없는 자리도 만들어 주고 서비스도 하나 더 챙겨 준다. 대접받는 느낌이랄까? 그래서 다시 찾는다. 다른 손님도 데리고 나타난다. 단골이 평소 눈여겨본 그 가게의 장점은 다른 손님을 끌고 오는 '근거'가 된다.

다른 업종도 비슷하다. 내가 열심히 하면 고객이 다른 고객을 소개해 준다. MBC에서 방영했던 〈무릎팍도사〉 '추신수 편'을 보면 그 잘났다는 미국도 추천이 무지 중요하다는 얘기가 나온다. 최선을 다해 일하면 그 회사 대표가 다른 회사를 소개해 준다.

2015년 하반기에 계약을 맺은 커피머신 B2B 회사도 그렇게 인연이 됐다. 그 회사 대표가 '내가 아는 사람들이 어떻게 언론에 나오나? 신기하다'해서 당시 내 고객사 임원에게 문의를 했다고는 하지만 주변의 추천 없이는 불가능했을 일이다. 내 상품이나 서비스가 입소문을 타기 시작하면 '오호, 이제 뭔가 보인다'는 생각이 든다. 결정적인 것은 그 다음이지만 말이다.

단골을 붙잡을 무언가를 만든답시고 폭주(?)를 시작하면서 운명이 갈린다. 어떻게든 내 사람으로 삼겠다는 생각에 상대가 모를 것 같은 자신의 장점을 마구 쏟아 낸다. 듣기 싫어하는 고객 태도에도 아랑곳하지 않는다.

가게라면 편안한 대접을 받고 싶어 한다. 그 대접을 위한 정보 정도는 괜찮다. 손님 입장에선 '과잉 친절'을 넘어 '정보 주입' 단계까지 가면 발길을 끊게 된다.

그냥 가볍게 한잔 마시고 싶은 손님에게 '그렇게 먹으면 안 된다, 이렇게 먹는 게 더 낫다…'는 식의 설명은 과하다. 여기에 '에이 먹을 줄 모르네'에 더해 '그만큼 우리 집에 왔는데 아직 모르냐'며 장난 같은 핀잔은 최악이다. 아니 내 돈 내고 내가 먹는데 왜 핀잔을 들어야 돼? 손님은 편하게 있고 싶어 가는 건데 당신은 지식 자랑이 끝도 없다. 자기 잘난 맛에 장사하고 사업하는가 보네. 안 가면 그만.

나도 영업이나 강의를 나가서 내 잘난 지식을 떠들 때가 무지 많다. 지금도 마찬가지다. 그러나 폐업 전과 지금 달라진 게 있다면 한 번의 실패가 쓴 약이 돼 잘난 지식 자랑은 않는다. 예전엔 고객도 알아야 한다고 생각해서 내 경험이라며 말해 줬지만 사람들에겐 자기 자랑으로 들릴 수 있다. 아직도 그 버릇을 많이 못 고친 건 사실이다. 하지만 예전보다 많이 줄였다. 점점 더 줄이려 노력 중이다. 고객사 대표와 업무 관계자들이 한 마디 하면 다섯 마디로 돌려주던 것을 이젠 더 많이 들으려 애쓴다. 고객의 답답한 점을 먼저 더 많이 들으려 한다.

2013년 12월 제주도 올레길에 갔다가 처음 찾은 게스트 하우스는 바다는 보이지 않았지만 돌담과 밭 사이에 있는 조용한 곳이었다. 바닷가의 시끌벅적하고 화려한 게스트 하우스와는 정반대였다. 조용하고 숙소를 같이 쓰는 사람들과 저녁에 가볍게 한잔하며 도란도란 얘기하는 게 너무 좋았다. 마음에 쏙 들었다. 참고로 난 어디가 좋다는 추천 같은 거 절대 안 하는 성격이다. 사람마다 차이가 있으니 내가 좋았다고 그 사람도 좋은 건 아니니까. 그런데 육지로 돌아온 후 누가 제주도 서쪽으로 올레길을 걸을 일이 있다며 추천해 달라 하면 그곳을 추천했다.

이듬해 4월, 2014년의 첫 올레길도 그곳에서 시작했다. 내 일정과 멀리 떨어진 곳이었지만 처음 갔을 때 좋은 기억이 너무 많아서다. 태어나 처음 만나는 사람들에게 직접 그 게스트 하우스를 영업할 정도였다. 길을 걷다 처음 만난 사람을 기어코 그곳에 묵게 한 적도 있었다. 그런데…. 게스트 하우스 사장이 친해지니 나를 좀 피곤하게 만들었다. 자신의 경험을 알려 준답시고 제주도 여행 정보를 융단 폭격하기 시작했다. 물론 처음엔 나를 생각해서 챙겨 주는 것으로 이해했지만 도를 넘기 시작하니 짜증이 밀려왔다.

"형! 거긴 가면 안 돼요! 잘 모르시네!", "그 코스 걸으면 이거 꼭 해야 되는데 왜 안 했어요?"

여기에 결정타를 날려 자존심을 건드렸다.

"올레는 아무나 다 가잖아요. 제주는 오름이 얼마나 좋은데요. 오름 안 가 봤으면…."

누가 오름 좋은지 몰라?

나도 제주도에 대해 설명하고 자랑하라면 한도 끝도 없다. 제주도 땅을 밟은 게 열댓 번은 넘는다. 책 나올 때쯤이면 올레길을 완주했을 거다. 친한 제주도 토박이도 많고 큰고모님 내외분도 제주도에 계신다. 예전 회사 직원 한 명도 제주도에 있다. 결정적으로 나 역시 홍보 대행업을 끝내고 인생 4막을 제주도에서 보내기 위해 준비 중이다.

투숙객을 바보로 아나…. 자박자박 걸으며 생각 정리하러 갔는데 오히려 주인이 조언이랍시고 전해 주는 잘난 척에 질렸다. 이제 두 번 다시 안 간다.

이제 왜 나만 이런지 감이 잡히나? 내 서비스, 내 물건, 내 가게를 찾는 고객이나 거래처가 부담을 느끼지 않아야 한다. 돈 주고 라면 사 먹는 사람은 깨끗한 위생과 본인이 끓였을 때와 다른 맛, 이 두 가지에만 집중한다. 더 알고 싶다는 고객에겐 가볍게 레시피를 알려 주면 된다. 그런데 나름대로 '팩트' 전해 주려다가 '팩트 폭행'이 될 수 있다. 나는 분명히 잘해 준다고 하지만 손님, 고객 입장에서는 귀찮을 때가 많다. 이거 모르면 계속 '왜 나만 이래?'다. 이래도 모른다면 어쩔 수 없고.

억울해도
소용없다

2016년 11월. 고객사였던 곳에서 연락이 왔다. 오랜만에 그 회사 임원이 불러 한잔했다. 계약이 끝난 후에도 그 회사와 관계된 정보가 들어오면 챙겨 주고 사석에선 형 동생 하며 지냈다. 한 병 두 병 얼큰하게 취할 때쯤 술이 확 깨는 한마디를 들었다. 새해에 대행사를 새롭게 선정할 계획이니 제안서를 다시 보내라는 거다. 이게 뭔 소리래? 장난하지 말라고 했는데 진짜였다!

이어 대세에 지장 없으면(?) 다시 나와 일하겠다며 그 회사 새로운 대표도 만났다. 진짜 신났다. 이제 좀 되나 싶어 얼른 제안서를 만들어 보냈다. 예상처럼 12월 미팅도 아름답게 끝났다. 일이 술술 풀리는구나. 그런데 2주가 지났는데 아무 연락이 없었다. 혹시나 하는 마음에 연락해 봤더니 다른 곳이 대행사로 결정이 됐단다. 임원은 어쩔 수 없었다면서 미안해했다. 마음은 알겠지만 기분은 나빴다. 바로 연락을 했으면 대안을 고민했을 것이다. 사람 바보 만드는 방법도 여러 가지다.

부천역 북부 광장에 단골 고깃집이 있다.

몇 달 만에 가도 그 집 사장 내외분은 언제나 반겨 준다. 일행에게 특별한 음식 취향이 없다고 하면 항상 그 집에 간다. 그런데 한 번은 영업차 만난 사람이 자기 단골집이 있으니 그곳으로 가자는 것이었다. 난 아무 생각 없이 따라갔다.

다시 다른 사람과 함께 내 단골 고깃집에 갔을 때다. 담배 피우러 나와서 사장님과 이런저런 얘길 했는데, 다른 고깃집으로 향하는 나를 목격한 모양이었다. 진담 반 농담 반으로 기분이 좀 그랬다는 고백이다. 당시 사정을 설명하고 이해를 구했지만 미안함을 끝내 못 이겨 예전보다 더 많이 방문을 했다. 왜 사람들은 이런 나 같지 않을까?

많은 이들이 이런 식으로 생각한다. 왜 착한 나만 억울함을 당해야 하는지 이해할 수가 없다.

사업하면 웬만한 억울함은 억울한 것도 아니다. 특히 구두로 한 약속은 너무도 쉽게 깨지기에 말을 지키지 않은 데서 오는 억울함은 반은 당신 책임이다.

'끝날 때까지 끝난 게 아니다'란 야구 격언처럼 사업은 고객의 최종 선택 혹은 계약서 도장을 찍고 통장에 돈 입금될 때까지 끝난 게 아니다. 아무리 내가 잘해 줬다 생각하고 저 사람이 내게 이럴 수 있나 하며 억울하고 화나도 소용없다.

처음 사업을 시작했을 때 한 달에 15만 원 주고 조그만 웹 콘텐츠 회사에서 자리를 빌려 일했다. 그 회사도 사무 공간이 많이 남아 나 말고도 회사 소개 동영상 만드는 사람, 프리랜서 IT 개발자가 앞자리와 옆자리에 같이 앉아 일했다. 서로 일하는 시간과 방식이 달라 자주 만나지 못했지만 그래도 일주일에 두 번은 만났다. 7개월 정도 지내다 보니 퇴근하며 서로 술 한잔하고 지낼 사이가 됐다. 뭐 서로 정보 공유하고 코치해 주는 건 당연했다.

시간이 지나 2016년 10월 프리랜서 IT 개발자에게서 3년 만에 연락이 왔다. 자신과 친한 웹 에이전시가 모 통신 대기업 시스템 구축(SI) 사업 입찰에 성공했다는 말부터 했다. 에이전시 대표와 친하게 지냈기에 자신에게 그 일을 맡기기로 했다는 설명이다. 그는 곧바로 계약서 작성하고 초안을 보내 오케이 사인을 받았다. 당장 스케줄을 맞추기 위해 중요하지 않은 작업은 뒤로 미루고, 일부는 취소를 통보했다. 그만큼 해당 프로젝트에 거는 기대가 컸기 때문이다. 그런데 계약서 날인하기로 한 날 찾아가니 그쪽에서 미안하다며 없던 일로 하자고 했다. 자세한 내용은 알려 주지도 않고 말이다. 내게 연락한 이유는 방법이 없냐는 것이었다. 내가 변호사도 아니고 무슨 방법이 있나. 구두 계약도 계약 중 일부니 이건 내가 손댈 게 아니라 변호사를 찾는 게 도움 될 것이라고 얘기할 수밖에 없었다.

약속 취소는 누구나 겪는 일이다. 상도商道, 도덕, 윤리 따지면 할 말 많지만 이런 비슷한 일은 너무나도 많다. 그러니 한 번 더 돌아보자. 누군가 내게 일 맡긴다 해 놓고 마지막 순간에 다른 쪽으로 결정하는 것은 나보다 상대방이 개미 뒷다리만큼이라도 그에게 유리해서다. 다르게 설명하면 내가 제시한 조건보다 다른 쪽 조건이 더 좋아서다. 아주 단순한 진리다.

내게 비용 지불하는 사람들은 언제나 날 떠날 준비를 하는 사람들이다. 같은 값에 더 좋은 조건은 기본, 같은 서비스에 더 낮은 가격이 있다면 언제든 떠나는 것이다. 이것이 자본주의 원리다. 그런데 내가 뭘 해 줬네, 그 사람 그럴 줄 몰랐다, 내게 어떻게 이럴 수 있냐, 참 나쁜 사람이네 해 봐야 소용없다. 그냥 혼잣말로 끝난다. 혼잣말로 끝나면 낫지, 몇 번 입에 달고 다니면 '좀팽이' 취급받는다.

사업상 아무리 억울한 일이라도 경쟁이 있는 곳에서 당연한 경우가 대부분이다. 물론 예외는 있다. 말도 안 되는 불리한 여론이 나와 내 사업, 내 회사를 파렴치한 곳으로 몰고 가는 경우다. 그것도 대책 없는 경쟁사의 이간질에 속아 '당신은 뭐냐'면서 성실히 일했던 나를 사짜로 취급할 때다.

2014년 한 웹 에이전시와 대행 계약을 맺었다. 다른 건 필요 없고 언론 홍보만 하기로 하고 도장을 찍었다. 첫 달 그 회사 분석을 끝낸 뒤 보도 자료를 만들어서 열심히 뛰었다. 두 번째 달 첫 회의가 끝나고 직원과 나가려는데 나를 붙잡았다. 자리에 남아 얘기하니 대뜸 나보고 "왜 비싸게 받느냐"는 말부터 한다. 뭔 소리래? 나와 계약 후 언론에 보도되니 사짜 같은 곳에서 무작정 전화를 걸어 자기네가 언론 홍보를 더 싸게 해 준다고 해서 만났다는 것이다. 일단 안심시키고 사정을 설명했다. 그 업체 연락처를 받아 확인해 보니 홍보 대행사 아닌 온라인 광고 대행사였다. 그는 나에게 기사 한 건에 얼마면 되는데 왜 기자 만나느냐면서 이해할 수가 없다고 했다. 거짓 정보에 속아 억울하게도 나를 사기꾼 취급했다.

참고로 '기사 한 건에 얼마', 이런 건 절대 없다. 기사처럼 보여도 기사가 아니다. 조금만 챙겨 보면 정식 기자가 쓴 기사가 아니란 것을 알게 된다. 그런 내용이 기사라면 요즘 욕은 좀 먹고 있어도 언론인으로서 자부심을 지키고자 하는 기자들과 선의의 홍보 담당자들에게 크나큰 실례를 범하는 것이다.

홍보쟁이 생활 20년 동안 했는데 이런 말도 안 되는 사짜 취급을 받으니 진짜 억울했다. 그래도 뭐 어쩔 것인가. 이 악물고 더 열심히 해 줬다. 그런데 석 달째 되니 계약을 끊자고 나왔다. 나도 더 이상 안 되겠다 싶어 그러자고 했지만 이어진 말이 예술이었다. 아무리 봐도 그동안 나와 내 직원이 일한 게 탐탁지 않으니 대행료를 안 주면 안 되냐는 것이다. 계약에 없는 일까지 적극 나섰다. 이러저러한 내용은 꼭 기사로 나가야 한다 해서 기자들 붙잡고 굽신거리면서 해결해 줬더니, 뭐? 성질내 봐야 소용없다 싶어 마지막으로 정중히 말했다.

"대표님은 협력사에서 시키는 대로 일 다 해 줬는데, 그쪽에서 일한 게 아닌 것 같다면서 대가 지불을 안 하면 어떻게 하십니까?"

내가 아무리 착하게 살아도 세상이 이상하게 돌아가면 도매금으로 넘어간다. 해결책? 딱 잘라 말해 미안하지만 없다. 스스로 마음 달래고 아닌 모습 보여 주며 더 열심히 하는 수밖에 없다. 눈앞의 매출을 올리고 장기적인 회사 앞날 그리며 정신 바짝 차리고 제대로 된 고객사 찾는 수밖에 없다. 이게 사업이다. 창업자가 맞닥뜨려야 할 현실이다.

세입자가 계약 기간이 끝나 전세금을 돌려 달라고 했을 때 안 주고 버티는 집주인이 있으면 법이 보호해 준다. 일만 죽어라 시키고 월급 안 주면? 돈 없는 거면 몰라도 고의로 체불하면 고발

하면 된다. 성실하게 납품했는데 이상한 말로 차일피일 계산을 미루면 신고하면 된다. 말도 안 되는 사례를 들면서 보증금 반환을 안 하는 프랜차이즈 본사가 있다면? 공정위에 신고해 중재로 해결하면 된다.

그런데 이런 경우와 달리 문자화하지 않은 약속으로 인한 억울함에는 방법이 없다. 계약한 것도 아니고 그냥 술자리에서 편하게 얘기한 걸로는 방법 없다는 것이다. 거기에 더해 고객, 소비자라는 지상 최대의 무기로 무장하고는 나를 공격하면? 인신 공격, 명예 훼손, 미확인 사실 유포로 나를 옭아매는 경우도 마찬가지다. 아니다 싶어 반론 재기하면 '아니 내가 이런 평가도 못 내리냐?' 이러면 끝이다. 나중에 판매하고 계약할 생각하면 성질 나도 꾹 참아야 한다. 직원들이 왜 그렇게 참고 사냐며 격분해도 사장은 참아야 한다. 돈 안 벌 거야? 직원 월급은 물론 고정비, 공과금, 카드 값은 어쩔 것인가?

내가 직원으로 일하며 월급 받을 때는 내 일만 집중하고 건의만 잘하면 됐다. 가끔 피곤할 땐 농땡이 부려도 큰 티 안 났다. 그런데 창업하면? 곧바로 모든 것이 드러난다. '잠시만' 하는 순간 갑들이 난리다. 내가 일을 안 한 것도 아니고 매일매일 최선을 다하는데도 결정해 줘야 할 일은 미루면서 다른 일 더 해내라고 난리다. 한 가지 사안에 대해 메일로, 전화로, 문자로 다 알려 줘도 못 받았으니 다시 보내라고 하기가 일쑤다. 그러면서 잘난 척 던지는 한마디는 억울과 짜증의 콤보다. 월급쟁이 때는 내 할 일 다 하고 바로 윗사람에게 보고했다는 근거를 내놓으면 억울한 소리는 안 들었는데, 이건 도대체 뭐 하자는 건지.

다 된 밥에 재 뿌리는 정도가 아니라, 열심히 작업하고 영업해도 고객은 언제나 '합리적' 이유로 날 떠난다. 억울해도 소용없다. 단골이라고 언제나 날 찾아 주지 않는다. 말도 안 되는 업체와 비교하면서 이런저런 억지와 트집을 잡는다. 억울해도 소용없다. 간, 쓸개, 잠자는 시간은 물론 애인 만드는 것도 포기하고 열심히 일해 줘도 고객은 모른다. 열심히 하는 게 중요한 게 아니고 결과가 중요하기 때문이다.

고객은 100퍼센트를 요구하면 120퍼센트를 해내야 일하는 걸로 안다. 업무 경과에 대해선 끊임없이 알려 줘야 한다. 아무리 근거 만들어서 보고하고 알려 줘도 '나에게 오지 않았다'고 하면 끝이다. 왜? 갑이니까. 창업하면 사장이나 멋들어진 CEO의 삶이 기다릴 줄 알았는데 실상은 고객에게 폴더 인사해야 하는 굽신쟁이 시간이 더 많아진다. 대책이 없다면 억울해도 소용없다. 얼른 털어 내고 대안을 찾거나 그 다음을 노려야 한다. 그렇게 해야 당신의 비즈니스 노하우도 성장할 것이다.

시장은
살아 숨 쉬는 생명체

정치판엔 출처 미상의 유명한 말이 있다.

'정치는 살아 있는 생명체다.'

뉴스에 나오는 정치인들의 어이없는 발언은 둘째 치고, 웃기는 상황을 만드는 능력은 웬만한 개그맨을 뺨친다. 국회의원의 삼고초려로 잠시 정치판에 몸담았다 돌아온 업계 선배 한 명은 "서로 못하려고 노력하는 것 같다"고 말할 정도다. 코미디도 그런 코미디가 없다. 그 어렵다는 사법 고시 통과 후 판사까지 했다는 여성 정치인이 '주어 없으므로 무효'란 말도 서슴지 않으며, 뻔히 보이는 것도 어디서 이상한 논리와 이론을 가져다가 맞다고 우기면서 주야장천 떠들어 대는 건 보통이다.

한때 나도 국회의원 공보 보좌관 하라는 제의를 받았다. 그때 만난 양반 말씀이 "기자 상대하는 일은 그동안 해 왔고 덩치 있고 성깔 더러우니 너 같은 놈이 딱이다"란다. 처음엔 장난인 줄 알았는데 진심이었다! 다른 곳에서는 꺼릴지라도 덩치 있고 성깔 더러운 사람이 필요한 곳이 그쪽 세계였던 것이다.

미친 짓 잘하는 정치 자체도 살아 있는 생명체다. 그럼 제정신에 상식적이고 합리적인 사람들이 모인 시장은 어떨까? 마찬가지다. 소비자들이 모여 있는 시장은 '살아 숨 쉬는 생명체'다. 정치가 살아 있는 생명체 중 단세포 아메바라면 시장은 진화에 진화를 거듭한 고등 생명체라고 할 수 있다. 그 전에 유의할 것은 대기업 마케터부터 소비자들까지 그들이 소비하는 근거는 '합리성'이라 얘기하는데 사실 이건 '자신이 소비하는 것에 대한 합리성' 부여로 이해하는 게 더 편하다. 쉽게 말해 내가 물건 사고 서비스 결제하는 것에 대한 근거와 합리성이 우선이다.

나이 50세 넘은 아저씨가 "난 어릴 때 꿈이 군인이었다. 그래서 서바이벌 게임 총 사는 것도 스트레스 푸는 데 도움이 돼서 사는 것이다"와 같이 말한다. 아이Kid와 어른Adult의 합성어인 '키덜트Kidult'란 말이 이런 심리를 대변한다. 다른 사례를 들면 20년 전만 해도 환갑 넘은 할아버지가 프로야구 선수 사인볼이나 유니폼을 사면 나잇값 어쩌고 하며 사람들이 뭐라 했겠지만 지금은 개인 취향으로 넘어간다. '십 년이면 강산도 변한다'고 참 많이도 변했다. 이런 사례는 찾으면 주변에 널려 있다.

소비자들이 모인 시장은 물건 사고팔고 서비스 후기 좋게 써 주면 끝인 줄 알았는데 크게 보고 넓게 분석하니 무서울 정도다. 인터넷 쇼핑몰 주인 얼굴은 본 적도 없고, 옥션과 G마켓, 쿠팡 판매자가 누군지 메시지 한 번 주고받은 적이 없다. 이런 상황에서 인터넷에서 물건을 산다. 셀카봉 판매자들이 일일이 찾아다니며 영업한 것도 아닌데 어느 순간 너도나도 셀카봉을 들고 다니기 시작한다. 백종원이 꽁치 통조림으로 근사하게 음식을 만들어 보이니 다음 날 재료가 불티나게 팔렸다. 누가 강제로 모아 놓고 시킨 것도 아닌데 알아서 움직인다.

이런 상황에 대해 '그거야 사람들이 TV나 인터넷 보고 필요하니 산 것 아니냐' 할 수 있다. 맞다. 이것을 다른 의미로 분석하면 '여가 활동', '스마트폰'이 대중화되면서, 소비자들은 이보다 더 자기에게 필요한 것을 원한다는 것이다. 필요하다면 어떻게든 찾아낸다. 여담으로 셀카봉 개발한 사람은 사업 실패 후 최악(?)까지 생각하다 SBS 〈두시탈출 컬투쇼〉에서 사연 듣고 아이디어를 얻어 처음 만들었다고 했다. 컬투쇼에서 이 얘기를 듣다가 온몸에 전율과 소름이 돋았다.

소비자들은 왜 어떤 물건이나 서비스를 필요로 할까? 필요하니 필요한 것이지만 이 자체를 하나로 묶어 설명한다면 '시장은 살아 숨 쉬는 생명체'라는 것이다. 그것도 단세포 생물이 아닌 무언가를 필요로 하고 자신이 '합리적 소비'라 생각하는 것을 요구하는 고등 생명체다.

그래서 때때로 사업자를 괴롭히기도 한다.

내가 필요한 것이 있어 검색 후 제품을 샀다. 아니면 소개 글이 괜찮다 싶어 서비스를 신청했다. 그런데 합리성에 맞지 않았다. 자신의 기준에 근거한 합리에 부합하지 않았다. 그게 아니면 제품에 하자가 있었거나 서비스를 소개대로 받지 못했다. 블로그에 맛집이라고 올라와 갔더니 맛은커녕 시달리다 나온 기분이다. 원래 내 지갑에서 돈이 나가면 무조건 기분 나쁜 거다. 그럴 때 그냥 조용히 '두 번 다시 안 간다'고 하는 이들은 고마운 존재다. 현실에서는 곧바로 악플 달고 자기 블로그에 광고글에 속지 말라는 글 올리는 게 예사다. 왜? 내 합리적 소비와 동떨어져 있기 때문이다. 그러면서 아무리 다혈질이라도 자기는 객관적인 사람인 줄 아는 것이 소비자들이고, 그들이 모인 곳이 시장이다. 여기서 끝이 아니다.

인터넷 쇼핑몰 후기에 말도 안 되는 글이 올라오는 경우도 태반이다. 아니라고 웃는 얼굴로 그 소비자에게 좋게 설명해도 '불쾌하다', '안내와 다르다'며 댓글을 더 단다. 서로 모르는 소비자들도 '정말?'이냐며 굴비 엮듯 댓글이 이어진다. 서비스 제공하고 물건 판 회사 입장에선 말도 안 되는 억지인데 갑자기 이상한 말이 따라붙는다. 물론 이런 현상을 악용해 경쟁사가 악의적인 글을 쓰는 경우도 있다.

꼭 온라인 상에서 벌어지는 일도 아니다.

깔끔하게 음식을 만들어 냈는데 손님이 머리카락 나왔다고 버럭 소리를 지른다. 그럴 리 없다. 얼른 테이블로 뛰어가 확인하려는데 소리만 고래고래 지른다. 급한 마음에 무조건 고개를 숙이지만 방법이 없다. 매장에서 다른 손님 들으라고 더 소리 지르는 진상들도 넘친다. 3년 전 한 프랜차이즈 가맹점주와 만나 컨설팅 중 황당한 얘길 들었다.

가게에서 아이들이 막 뛰어다녀 다른 손님들이 불편한 기색이었다. 조용히 애들을 타일렀더니 이것을 '불의'로 규정한 슈퍼맨 아빠, 원더우먼 엄마가 "내 아이에게 왜 그러냐"면서 소리를 질러 댔다. 서빙하는 이모에게 쌍욕까지 했다 한다. 그래 놓고 아파트 입주자 카페나 SNS에 거기 가지 말자고 막 난리였다는 것이다. 영업이 힘들어져 답답해하는 걸 보고 CCTV 확인해서 입주민 카페에 동영상을 올리고 해명하라고 코치해 준 적이 있다. 나중에 오해는 풀렸지만 여론이라는 무시무시한 흉기로 큰 목소리를 내는 것이 시장이고 소비자다.

초기 창업자들은 이런 상황이 있으리라 '예상만' 하지 대책은 거의 준비하지 않는다. 소비자가 잘못한 것이지만 '자신만이 합리적'이라고 생각하는 소비자들이 뭉친 시장은 그렇게 합리적이지 못하다. '듣고 싶은 얘기만 듣는' 심리처럼 소비자들이 뭉쳐 있는 시장이란 곳도 일치단결해(?) '내가 하고 싶은 얘기', '내가 듣고 싶은 얘기'가 우선이다.

시장에서 소비자들이 내는 목소리는 계속 반복되면서 어느 순간 하나로 뭉쳐진다. 여기에 자신들의 합리성과 이해가 맞아떨어지면 서로 물고 뜯기 바쁘던 진보 정치 지지자, 극보수 지지자들도 '소비자'란 단어 아래 뭉친다. 눈덩이 뭉쳐지듯 일치단결해 거대한 여론으로 확대된다. 이런 것에 대비해야 하는데 지금까지 목격한 스타트업, 초기 창업자들은(여기엔 나도 포함이다) 그렇게 하지 못한다.

초기 창업자가 제대로 확인 못 하고 사업을 시작하다 큰코다치는 경우도 널리고 널렸다. 사업 시작하면 말 그대로 '사업'이고 '사장'이다. 몰랐다고 해 봐야 방법이 없다. 사업자들이 먼저 확인하고 전문가 상담을 받아 준비해야 된다. 악재가 터졌을 때 대기업이야 돈 많이 벌어 놔서 대응하고 어떻게 할 수 있지만 스타트업, 초기 창업자들은 속수무책이다.

한 스타트업이 정책 부서로부터 조사 통보를 받았다. 그러자

앱 닫고 그대로 잠수다. 문제 될 게 없으면 그대로 조사받으면 되고, 자신이 그동안 만났던 무료 상담 전문가에게 물어보면 되는데 뭐 켕기는 게 있는지 곧바로 앱을 닫아 버렸다. 한동안 공식적으로 내놓은 해명은 없었다. 그 서비스를 이용하던 소비자들이 전화로 물어보니 "명절에 바빠서 잠시 앱을 닫았다. 카카오톡, 전화로 주문하면 된다"로만 답했다. 아니 주문 폭주로 앱을 닫아? 그러면서 카카오톡, 전화로 주문해 달라고? 이 무슨 경우래? '우리 가게에 요즘 손님이 많이 찾아와 자리가 없어서 정문 닫았다. 그렇지만 영업하는 중이니 뒷문으로 와 달라' 뭐 이런 것인가?

이렇게 말도 없이 '자기 나름대로' 조용히 서비스하다가 그 스타트업 업체가 정책 부서 조사 통보를 받은 뒤 앱을 닫았다는 것이 알려지자 제휴 맺은 커뮤니티에서 회원들이 뭐라고 한 모양이었다. 그러자 조사 이유와 왜 앱을 닫았는지에 대한 설명은 쏘옥 빼고 국정농단 주범처럼 '우리는 정부 지원 사업으로 어쩌고…' 하면서 자기 얘기만 블로그에 올렸다. 몇 달 뒤 다른 홈페이지에서 주문받는다는 얘기만 하고 말이다.

요약하자면 시장은 스스로 똑똑하다고 생각하는 소비자들이 뭉쳐 움직이는 생명체다. 나에게 돈 주겠다는 소비자, 거래처는 냉정할 수밖에 없다. 그들도 갑질 당하고 스트레스 받으면서 벌어 놓은 돈을 지갑에서 꺼내는데 '자기 나름대로' 당연하지 않겠는가? 소비자들이 모인 시장은 그래서 어떤 이유에서든 존중받아야 한다. 시장을 어지럽히는 일부 진상들만 빼고 말이다.

4장

—

이러면
꼭 망한다

투자자는 '은혜' 베푸는 사람이 아니다

위 제목을 읽었으면 다음 내용으로 넘어가기 전에 포털 검색부터 하시라. 네이버, 다음, 네이트, 구글 상관없다. 검색어는 '창업', '스타트업'이다. 블로그는 넘기고 커뮤니티, 카페 검색 결과를 보면 수백 개 넘는 모임을 확인할 수 있다. 가입자는 대부분 창업하겠다는 사람들과 초기 창업자들이다.

누구나 마찬가지다. 창업하려는 사람들은 대부분 가입 이유로 '정보'를 이야기한다. 그런데 '영업'을 목적으로 가입하는 선수(?)들도 꼭 있다. 2013년 재밌는 아이템을 발견해 한 창업 모임에 나갔더니 '진짜배기' 스타트업은 두 명밖에 안 나오고 온통(?) 스타트업 영업하러 모인 법무사, 변리사, 컨설턴트, 심지어 변호사까지 23명이 모였다. 서로 쳐다보며 실소만 지을 수밖에 없었다.

어쨌든 이런 커뮤니티에는 수많은 정보가 돌아다닌다. 창업 노하우는 물론 비슷한 분야라면 모여서 스터디도 하고 동업하기도 한다. 정부 지원 사업 및 공고, 투자 관련 소식과 창업 선후배의 대화 등 실전에 필요한 내용도 꽤 있다. 한 프랜차이즈 외식 창업 카페에서는 '착한 가맹본부', '프랜차이즈 업체' 순위는 기본이고 가맹점주 힘들게 하는 나쁜 순위도 본 적이 있다.

그런데 이런 커뮤니티에서 한 번 더 글을 꼼꼼히 뒤져 보면 '참으로' 아름다운 글도 상당수다. 처음엔 잘 몰랐는데 숯불갈비 뜯어 먹듯 야무지게 뜯어보면 '가관'도 이런 가관이 없다. 사업 토의와 의견인 줄 알았는데 자세히 보면 '지원금' 타 내는 요령으로 넘어가는 경우가 많다. '어디 어디에 이런 창업 지원이 있으니 응모해라', '국가 지원 사업 제안서 쓰는 요령 알려 준다', '투자금은 이렇게…'. 사업하러 모인 카페인지 아님 눈먼 돈 따내는 요령 가르치는 학원인지…. 심하게 말하면 '사업 종잣돈 받는 요령' 게시글 창고다. 여기에 더해 이른바 '카더라'란 미확인 소문과 정보도 넘친다. 어디서 누가 이런 식으로 PT해 지원금 받았다는 식도 꽤 있다. 누가누가 더 투자금 잘 받아 내나 '요령' 자랑하는 곳도 아니고…. 그나마 이 정도면 양반이다. 어쨌든 실질적인 사업 운용 정보와 노하우보다는 눈먼 돈 받아 내는 비법이 우선이다. 투자받는 요령 교육, 심사 위원 앞에서 말 잘하는 비법, 사업계획서 잘 쓰는 방법, 정부 지원 사업 지원서 작성 노하우 등등 돈 받아 내는 요령만 줄곧 알려 준다. 물론 시드머니는 꼭 필요한 것이다. 그런데 시드머니 받는 요령과 방법만 있지 영업, 경영, 직원 관리 같은 실전을 위한 내용은 없다. '돈 받아 내는 요령'만 차고 넘친다. 이건 뭐 사업하기 위한 정보 공유나 서로 돕겠다는 말은 없고 투자금 유치 흥신소나 다름없다.

사업자 등록증이 생기고 망하는 길로 열심히 들어서는 사람들의 특징 하나가 고객 유치나 사업 운영에 대한 고민은 뒷전이고 투자금 유치에만 열과 성을 다하는 것이다. 내 상품에 결제하는 고객을 만드는 게 사업이고 사업 확장에 대해 고민해야 하는데 거꾸로 가려고 열심히 노력한다. '투자받는 게 뭔 대수냐?', '투자는 사업의 일부분인데 뭔 시비냐'고 할지 모른다. 맞다. 돈이 있어야 사업할 수 있다. 누가 그걸 모르나?

창업하겠다고 마음먹었으면서 시드머니도 준비 안 했나? 시드머니로 모자라다면 할 말 없다. 잘되는데 말 그대로 '투자'가 필요해 그런 거라면 해당 사항 없다. 그런데 그게 아닌 사람들이 태반이어서 문제다. 자기는 한 푼도 준비 안 하고 '남들 돈'으로 사업하려는 사람들은 진짜 문제다. 사업 왜 시작했나? 투자금만 모으려고 시작했나? 투자금 유치가 지상 최대 과제인가? 창업했거나 준비하고 있으면 당신 서비스나 물건을 결제할 사람 모으는 데 최선을 다하고 거기에 맞춰 준비해야 한다. 그런데 '일단 투자부터', '닥치고 투자금 유치'라면 뭔가 거꾸로 된 생각이다.

투자 전문 기업과 PR 계약 맺고 일하면서 이런 기업들의 생리를 어느 정도 알게 됐다. 투자자들이 어떤 사람들인지와 투자받는 회사들이 어떤 목적을 갖고 움직이는지를 말이다. 동시에 돈 버는 방법(?)도 꽤 전수받았다. 고객사 대표를 만나고 회의할 때마다 겉으론 표현하지 않았지만 속으로 '와, 이런 방법도 있구나' 하고 감탄했다.

다시 본론으로 돌아가, 투자자들이 당신에게 돈 퍼 주려고 언제나 준비하고 기다리는 사람들로 보이나? 천사로 보이나? 이른바 '엔젤투자자'란 명칭처럼? 아니요. 천만의 말씀이다. 투자자들은 절대로 은혜 베푸는 사람들이 아니다. 당신과 사업, 회사 가치와 전망을 본 뒤 본인의 수익 창출을 목적으로 돈 맡기는 사람이다. 이건 개인 투자자부터 시작해 크라우드펀딩, 벤처캐피털 같은 기관 투자가들도 마찬가지다. 투자란 것은 내 돈을 전망 좋고 괜찮은 회사에 '잠시 맡겨' 수익을 창출하는 경제 행위다. 절대 당신 예뻐서 그냥 돈 주는 게 아니고!

아침에 눈을 떠 고객사 뉴스 클리핑을 검색해 보면 '스타트업 어디어디가 몇 억 유치했다', '스타트업, 벤처 기업들 어디어디서 투자금 유치했다'는 기사가 빠지지 않고 나온다. 이는 투자받은 곳이 전망 있는 곳이고, 잘되고 있거나 건실하다는 증거로 볼 수 있다. 투자자들은 절대 수익이 나지 않을 것 같은 업체에 투자하지 않기 때문이다. 다시 말하지만 투자자들은 '돈 잘 벌리는 곳'에 투자해 수익을 가져가는 경제 활동을 하는 것이 목적인 사람들이다.

이런 투자자들의 속성을 잘 알아야 하는데 초기 창업자들은 비현실적인 생각을 가지고 있는 경우가 많다. 투자받은 창업자들을 만나 보거나 기자들한테 얘길 들어 보면 황당할 때가 한두 번이 아니다. 다시 강조하지만 투자자들은 돈 많이 벌어서 수익을 가져오라고 투자한 것이다. 투자금은 '공돈', '월급', '로또'가 아니다. 빚이다. 다시 돌려줘야 하거나 여차하면 당신 사업을 쥐고 흔들 구실이 된다.

망하는 창업자들의 한결같은 모습은 투자받은 것을 돈 번 것으로 착각하는 태도다. 반대로 처음부터 투자받는 것을 부담스러워하며 '남의 돈 끌어다 쓰는 것'이란 생각을 가진 사람들은 잘될 가능성이 크다. 왜냐? 그게 합리적인 생각이기 때문이다.

투자만 받으러 뛰어다니는 사람들은 영업 활동의 핵심, 즉 B2B 계약, 고객사 유치, 신규 고객 창출, 제품 판매, 서비스 확장엔 관심 없다. 오로지 '투자 유치'에만 신경 쓴다. 특히 처음부터 남의 돈으로만 사업하려는 사람들이 그렇다.

'국가 지원 창업 자금도 있지 않나?' 하는 사람들도 있다. 그럼 솔직히 기분 나쁘다. 내 세금이니까.

사업 시작하고 얼마 동안은 큰돈 못 번다. 누구나 마찬가지다. 생활비는 고사하고 직원들 월급 챙겨 주기도 빠듯하다. 그런데 사업 시작 후 계속해서 다이어트 중이던 통장에 그동안 보지도 못한 큰돈이 떠억 들어오면 처음엔 당황하다가 나름대로 계획서에 나온 대로 쓰려 한다. 여기서 실수가 시작된다. 투자금은 회사 수익 창출을 위해 쓰는 것이지 사업자 등록증에 나온 '대표' 마음대로 쓸 수 있는 돈이 아니다.

법인이면 주총을 비롯해 여러 과정을 거쳐 집행되어야 하는데 그걸 모르고 자기 계획대로 쓰려고 하는 경우가 많다. 잘 알고 있다고? 글쎄요. 법인 주총 회의록 같은 건 잘 챙기셨나요? 여기서 끝이 아니다. 투자자들이 모인 정기 주총은 둘째 치고 사업 실적과 매출 등에 대해 투자자가 물어보면 '경영 간섭'이라며 기분 나빠한다.

까놓고 보자. 그거 당신 돈인가? 투자금 들어오며 회사 지분 투자자들에게 안 줬는가?

투자금 받고 제대로 하지 않는, 소위 '내 맘대로' 사장들은 길면 1년 짧으면 6~7개월 후부터 흔들린다. 투자받은 자금은 줄

어드는데 실적, 매출이 안 나오니까 당연한 결과다. 대책은 다른 투자자 찾기다.

"투자 조금만 더 받으면 금방 일어날 수 있다"라거나 "기회를 달라"고 말한다. 주주 총회 때나 투자자들이 물어볼 땐 '경영 간섭' 운운하며 호기롭게 말하더니 그나마 고개 숙이며 다시 기회를 달라고 말하는 사람은 양심 있는 창업자. "이전 투자금까지 회수하려면 돈 좀 더 주는 게 좋다"면서 배 내밀고 드러눕거나 "투자자 당신이 잘못 본 것"이라면서 국정농단 비슷하게 행동하는 인간도 있다.

내가 힘들여 모은 생돈 날리게 생긴 투자자들은 어떻게 반응할까?

아이디어 괜찮고 전망이 보였으며 특허도 많아 투자했는데 실적이 없으면? 투자자들끼리 모여 창업자인 당신을 대표 자리에서 쫓아낸다. 곧바로 아이디어, 특허를 M&A란 이름으로 팔아치운다. 배당금, 수익 같은 건 고사하고 원금 회수가 우선이다. 이쯤 되면 무능한 창업자는 세상과 투자자들의 '근시안'을 탓할 것이다. 웃기고 있다.

벤처캐피털, 개인 투자자, 엔젤 투자자 등 어떤 이름이라도 투자자들은 수익이 우선인 사람들이지 자선 사업가가 아니다. 무한 긍정을 선사하며 당신 만날 때마다 지갑 열고 용돈 주는 할아

버지, 할머니가 아니란 말이다.

투자만 열심히 받으려고 뛰어다니는 사람들의 공통점은 그 돈만 따라다니다 결국 망하더라는 것이다. 사업에 집중해 실적과 고객을 창출하면 투자금은 따라오게 된다. 기본적인 얘기라고? 알면 해야지 왜 투자금부터 따라다니시는지?

우물쭈물하다
내 이럴 줄 알았다

'우물쭈물하다 내 이럴 줄 알았다'. 어디서 많이 본 글이다. 평소 사람들이 어떤 일이 닥치고 난 뒤에 탄식 삼아 잘 하는 말이다. 사실 이 말은 영국인으로 1925년 노벨 문학상을 수상한 조지 버나드 쇼George Bernard Shaw의 묘비명으로 적힌 글이다. 그러나 이 묘비명은 한글로 번역될 때 잘못 번역된 거란 얘기가 있다. 제대로 번역하면 '내 언젠가 이 꼴 날 줄 알았지I knew if I stayed around long enough something like this would happen'이다.

버나드 쇼는 수많은 기행과 명언 제조기로 유명하다. 기자가 '당신에게 가장 유익했던 책'을 묻자 '예금 통장'이라 답했다. 이 내용을 보는 순간 내 인생 최고의 명언 중 하나로 등극시켰다. 그의 가장 엽기적인 기행(?)이 향한 대상은 주로 정치인들이었다. 어느 날 그는 영국 정치인들에게 무작위로 '다 들통났음. 빨리 도망쳐라'라는 전보를 보냈다고 한다. 반응이 어땠을까? 실제로 이 전보를 받은 상당수 정치인들이 잠적해 영국 정치판을 아수라장으로 만들어 버렸다.

그 외에도 참 재밌는 이력이 넘치는 인물이다. 사람들에게 가장 잘 알려진 그의 명언으로는 이런 게 있다.

"술 마시다가 반이 남은 술병을 보고 '아, 술이 반밖에 없구나'라고 말하면 비관론자, '아, 술이 반이나 남았군!'이라고 말하면 낙관론자다."

그의 명언 중 '우물쭈물하다 내 이럴 줄 알았다'는 뒷북 잘 치고, 남 탓 잘 하며, 잘 말아먹는 국밥 CEO와 창업자들이 잘 하는 말이다. 남의 탓도 잘 하지만 가끔 자신에게도 이런 말을 한다. 회사 잘 말아먹는 사람들은 대부분 결정 장애를 가지고 있다. 이러지도 저러지도 못하고 남들 말만 들으면 "그래?"라고 하는 팔랑귀의 소유자들이다.

2014년 10월 이름 대면 알 만한 덩치 있는 프랜차이즈 업체를 소개받았다. '내가 이런 곳과 계약해도 되나'란 생각이 들었을 정도의 규모였다. 내 능력에 벅차지 않을까 주저하다가 소개한 사람의 체면도 있어 일단 만났다. 맞닥뜨린 사람은 그 업체의 서열 (?) 넘버 쓰리로 통하는 A씨였다. 이런저런 얘기를 하다 보니 말이 잘 통했다. 미팅 후 담배 한 개비 피면서 흡연 동지애까지 쌓았다. 사무실에 돌아온 후 이걸 어쩌나 고민했다. A씨는 이틀 뒤에 직접 나를 페이스북 친구로 추가했고, 개인적으로 주저리주저리 노닥대는 내 블로그까지 찾아 이웃으로 추가했다. 황송하게도 나를 너무 좋게 봐 준 듯했다.

상대가 호감도 있고 하니 어떻게 해야 하나 일주일을 고민했다. 바보 같은 놈이 그냥 제안서 작성해 보내고 결과를 보면 되는데, 계속해서 우물쭈물했다. A씨는 사흘에 한 번 연락해 자기 회사가 좋은 곳이라면서 일을 맡아 달라고 계속해서 어필했다. 그런데 내가 또 일주일 동안 우물쭈물했다. 당장 못할 것 같으면 일단 사양하고 다음을 기약해도 되는데 이러지도 저러지도 못했다. 한 달 동안을 그렇게 보내니 상대의 인내심이 바닥이 났다. 나중에 소개한 사람에게서 얘기를 들어 보니 첫 미팅 때 날 매우 마음에 들어 했다고 한다. 그런데 한다, 안 한다 말도 없고 계속해서 우물쭈물하니 나중엔 나에 대한 평가도 매우 박해졌다고 전했다. 우물쭈물하다 내 이럴 줄 알았지. 그런데 그때는 이상하게 몰랐다.

사업 시작할 땐 직원 안 두고 혼자 프리랜서처럼 일하리라 다짐했다. 그러다가 일이 많아져서 같이 일할 친구가 필요해 첫 직원을 대학 시절 은사님의 추천으로 발탁했다. 그 친구와 일하기로 확정하고 귀가시킨 날 저녁, 집에서 '목에 칼이 들어와도 직원들 내보내지 않겠다. 요즘 청년 실업이 심하니 회사가 어려워도 정리 해고 같은 건 하지 않고 끝까지 같이 가겠다'고 마음먹었다. 뒤돌아보면 그냥 내 생각만 그랬던 것 같다. 특히 2년 뒤인 2015년, 입사 순서 네 번째 직원이 냉정한 현실을 깨닫게 해 줬다.

그는 내가 전화해도 안 받는 건 기본, 기자가 전화해도, 우리에게 돈을 주는 위대한 고객사 직원님의 전화까지 마음대로 무시하는 건 예사였다. 심지어 비즈니스 미팅 때 개인적인 전화받는다고 일어서서 나가는 경우 없는 경우도 있었다. 본인 사정도 있었지만 어디 한두 번이어야지 이해도 가능하지. 정확히 다섯 달 같이 일한 뒤 가족 같은 회사를 꿈꾸던 내 결심을 얼마나 지킬 수 있을지 고민했다. 그 친구는 애초에 이쪽 일이 전혀 어울리지 않는 친구였다. 시련은 이게 끝이 아니었다.

입사 순서 다섯 번째 직원은 참 열심히는 했다.

일감만 전달하면 득달같이 덤볐다. 문제는 너무 과하다는 것이다. 솔직히 말해 때론 가만히 있어 주면 좋겠다는 생각까지 했다. 일을 맡기면 결과 나올 때까지 별로 간섭하지 않는 게 내 원칙이다. 중간중간 과정만 보고받고 조정해 주는 타입이다. 그런데 이 친구는 보고는커녕 어떻게 돌아가는지 절대 말도 안 했다. 본인은 모르는 문제가 산처럼 커질 때까지 그랬다. 시간이 지나 이 친구 성향을 파악한 후 고민했다. 과연 끝까지 함께할 수 있을 것인가.

이때 영업이다 뭐다 나름대로 바쁘게 지내는데 마침내 일이 하나씩 터지기 시작했다. 2015년 8월 어느 날 네 번째 직원이 연락도 없이 무단결근했다. 내가 전화하면 받질 않았는데, 다른 직원이 연락하니 사정이 있다며 내일 출근할 테니 사장에게 잘 말해 달라는 문자를 보냈다. 기다렸다. 사정이 있어 그렇겠지.

그런데 다음 날도 무단결근했다. 연락도 전혀 없었다. 경찰에 실종 신고할 뻔했다. 일주일 뒤 경찰에 신고하려 할 때 나타났다.

무단결근 일주일은 해고 사유다. 그런데 뭐 대단하고 마음씨 좋은 사장 따라 한답시고 자초지종을 한번 들어 보려 했다. 핑계 없는 무덤 없다고 무슨 일인지 사정 먼저 듣고, 그래도 미리 얘기하는 게 도리 아니겠느냐고 잘 타이르려 했는데 자기는 전혀 잘못한 게 없다는 태도였다. 그동안 그대 덕분에 떨어진 회사 신뢰도는? 피해에 대해 설명하자 당신이 날 못 가르쳐 그런 것이라는 대답이 돌아왔다. 국회의원들과 일한 경력이 있어서 그런가 자기 합리화를 위한 황당한 설명만 늘어놓고 결국 자기 발로 나가겠다고 했다. 너무 어이없어서 말문이 막혔다. 짐 챙겨 나갈 땐 사무실 출입 카드도 반납하지 않고 그냥 나갔다.

다른 직원은 고객사 하나 맡겼더니 성과도 제대로 못 내고 고객사와 기자들에게 실수에 실수를 거듭하며 본인과 나의 악명만 높여 가고 있었다. 어느 순간 기자 미팅에 나갔더니 이 친구 실수를 쭉 기록한 기자가 사태(?)를 들이밀었다. 나는 또 우물쭈물했다. 오랜만에 이 친구에게 맡겼던 고객사 회의에 들어갔을 땐 그 자리가 업무에 대한 책임을 묻고 계약 해지 사실을 통보받는 자리가 되었다. 있던 고객사를 깨끗이 날려 먹었다. 모든 게 사장 책임이지만 이럴 수가….

아무리 청년 실업이다 뭐다 해서 요즘 젊은 사람들이 힘들다지만 이 일이 맞지 않다는 걸 알았을 때 정규직 전환 전 인턴에서 종료했어야 했다. 사회에 얼마나 크게 공헌하고 기여하겠다고 이런 친구들을 감싸 안고 있었는지 모르겠다. 아니다 싶었을 때 그들에게 맞는 일을 찾게 해 주는 게 서로에게 더 나은 길이었다. 맞다. 이 친구들 퇴사시킨 뒤 내 입에서 나온 말은 '우물쭈물하다 내 이럴 줄 알았다'였다.

사업하다 보면 좋은 일에 대한 결정은 물론 악행(?)도 빨리 결정해야 할 때가 온다. 손에 피 묻혀야 하는 상황에서도 빨리 결단해야 한다. 그런데 다들 우물쭈물한다. '이렇게 결정하면 내게 나쁜 소문 쌓이겠지?', '난 좋은 사람으로 평가받아야 하는데', '난 착한 사람'과 같은 약한 감정으로 그때 해야 할 행동을 망설이게 된다. 냉정한 현실에 비추어 웃기는 일이다.

군 복무 시절 전방에서 같이 근무한 부사관 하나가 전역해 외식업을 시작했다고 연락해 왔다. 한동안 잊고 있다가 2012년 12월 연말을 핑계로 찾아가 한잔했다. 흔한 '밥집'을 차려 장사하고 있었는데, 하루 매출이 30만 원이라고 했다. 자기 인건비는 계산 안 해도 하루에 5만 원 남는 장사였다. 이 친구의 가장 큰 장점은 '반찬'보다 '안주' 제조였다. 같이 근무할 때 퇴근 후 숙소에 들어오면 술안주를 만들어 우릴 즐겁게 했기 때문이었다. 시장도 이런 그의 소질을 필요로 하고 있었다. 손님들이 밥보단 술안주를 찾고 있었기 때문이었다. 그런데 밥집이라는 콘셉트만 고집하던 그는 어쩔 줄 모르고 있었다. 답답 곱하기 100만이다.

아니 손님들이 술에 안주 달라면 당연히 그쪽으로 집중해서 돈 많이 벌어야 하는데 그게 뭔 대수라고 망설이나? 듣다가 답답해서 속이 터지는 줄 알았다. 그 다음은 뻔하다. 결정 못 내리다 결국 문 닫았다. 지금은 연락도 안 된다.

폭망과 성공의 갈림길에서 말아먹는 곳으로 안내하는 것은 바로 결정 장애다. 이 결정 장애를 스스로 진단하기 위해 지금 무엇을 망설이고 있나 돌아봐야 한다. 우물쭈물은 실패의 지름길로 안내하는 인도자다. 빚과 사업 실패를 넘어 인격 실패 같은 취급까지 받게 만든다.

'야구에 만약이란 없다'는 말이 있다. 사업도 마찬가지다. 그러나 요즘 이런 생각이 든다. 내가 만약 2014년 덩치 큰 프랜차이즈 업체 계약에 망설이지 않았다면, 만약 불성실한 직원의 행태를 무시하지 않고 인턴 경험으로 인연을 끝냈다면…. 나도 우물쭈물하다 그에 합당한 결과를 얻은 것이다. 결국 이게 다 사장인 내 책임이었다.

당신도 나와 같은 경험을 하지 않으려면 결정이 빨라야 한다. 그 부작용이 무섭더라도 일단 결정을 내렸다가 문제가 생기면 수정하며 나아가면 된다.

좋은 회사에 있었으니 잘될 것 같지?

다들 너무나 잘 아는 창업 상식 중 하나는 월급 받다 내 사업을 하는 것이다. 뭔 소리냐고? 말 그대로다. 월급쟁이 생활 거치고 사업자 등록하고 사장의 길에 들어서는 것이다. 고등학교, 대학 졸업 후 월급쟁이 거치지 않고 곧바로 창업하는 경우는 거의 없다. 여기서 자세히 들여다봐야 할 것이 있다. 뭐고 하니 정리 해고나 명예퇴직 같은 회사 구조조정으로 본인의 의지와 달리 '밀려나는' 경우를 제외하곤 많은 경우 잘나가는 회사에 다녔다는 공통점이 있다. 대기업, 중소기업 할 것 없이 월급 꼬박꼬박 나오는 그 분야의 유망한 직장에 다닌 경험이 있다. 스타트업, 벤처 기업 출신은 물론 잘나가는 프랜차이즈 혹은 요식업을 하다가 자기 일을 시작한다. 참 신기하다.

이 사람들은 그 분야의 미래와 전망을 창업주, 사장의 시선에서 보는 자리에 있었거나 나름대로 핵심이 되는 자리나 요직에 있어 본 경험의 소유자들이다. 즉, 무언가 될 것 같은 기분을 간접 체험한 것이다. 그리고 창업 전 다니던 회사 사장이 매우 대단한 것 같지 않은데 그 자리까지 도착한 걸 확인한 다음 더욱 심지를 굳혔다. 어떤 사람은 처음부터 창업을 목적으로 같은 분야의 회사에 입사하는 경우도 있다.

이전 쇼핑몰 솔루션 회사 다닐 때 입사한 지 두 달 된 직원 몇몇과 술을 한잔했다. 그중 두 명은 아예 쇼핑몰 창업을 목적으로 들어왔다고 했다. 하나는 회사 창업주가 왕십리 반지하에서 시작해 현재 자리를 잡았다는 인터뷰 기사를 보고 지원한 친구였다. 다른 한 명은 인터넷 쇼핑몰의 성공 노하우를 회사에서 배워 대박 쇼핑몰을 운영하겠다는 당찬 포부를 털어났다.

좋은 회사를 다녔던 이들일수록 창업 후 '조금만' 고생하면 자신도 성공이 가능하다고 막연하게 생각한다. 기업하면 매출 몇 백억 원이 예사인 줄 안다. 자기가 다녔던 회사 창업주가 직원 몇 명으로 사업을 일으킬 때 겪었을 고통과 시련을 알지 못하는 까닭이다. 왜? 이미 짜인 시스템 속 하나를 차지하는 게 본인이었기 때문이다. 우물 안의 개구리 식으로 자기가 경험한 시스템이

전부인 것으로 착각한다.

창업 담당 기자들을 만나 얘길 들어 보면 지금 잘나가는 회사 대표들의 능력은 사업 시작 후 6~7년에 판가름 난다는 의견이 가장 많다. 조직을 세워 큰 분란 없이 어느 정도 매출이 나오기 시작하면 그들의 무無에서 유有를 창조한 슈퍼맨 같은 능력은 다른 쪽으로 쓰여야 한다. 조직과 시스템을 정착시켜 회사를 지탱하는 사람으로 변신해야 하는 것이다. 창업 후 6~7년은 회사 대표가 조직을 소 끌고 가듯 밀어붙여도 괜찮다. 그런데 오랜 기간 성공을 구가한 회사 대표라면 그즈음 조직과 시스템을 유지하는 쪽으로 재능을 변환시킨다. 쉽게 말해 어느 정도 성공했다면 그 다음엔 시스템을 잘 구축해야 사업이 안정화된다는 얘기다.

내가 홍보 대행사에 입사해 주니어 시절에 담당했던 전자 결제 회사 대표는 대기업에서 일하면서 창업을 결심한 후 회사에서 공식 지원하는 '소사장' 제도를 활용해 독립했다. 착실하게 2년 동안 창업을 준비하고 법인을 설립한 경우였다. 그 후 4년 동안 혼자 막 뛰어다니다 7년 차에 접어들어 겨우 자리 잡았다고 들었다. 기자와 함께 식사하는 자리에서 그는 "잘 나가던 대기업에서 창업을 준비했는데도 힘들었다. 내 아이템이 당연히 잘될 줄 알았음에도 불구하고 말이다"고 토로했다.

나도 첫 창업 당시 막연히 '잘될 것 같다'고 생각했다. 마지막 월급을 받았던 대행사는 내가 몸담고 있는 업계에서 이름 대면 다들 아는 회사다. 2006년부터 따지면 삼수 끝에 합격한 곳이다. 회사 대표는 대행사를 차리고 이름만 대면 알 만한 대기업과 규모 있는 회사를 주로 고객사로 영입했다. 내가 입사했을 땐 모 식품 대기업의 모든 브랜드를 공개경쟁에서 따냈다. 덕분에 직원이었던 나도 목에 힘은 못 줘도 어디 가서 푸대접은 받지 않았다. 내가 팀장으로 '먹고 마시고 노는 팀'엔 식품, 음료 등 굵직한 브랜드 고객사가 있었다.

회사를 그만두고 창업해야겠다고 생각하며 집에 틀어박혀 고민하던 일주일 동안 예전에 다녔던 회사 생각이 머리에서 떠나지 않았다. '아, 얼마나 노력해야 저렇게 할 수 있나'가 아니었다. 건방지게도 '그래, 몇 년 고생하면 충분히 그렇게 할 수 있겠지?'란 생각이었다.

지금 주변에 있는 창업자들을 둘러보자. 주변에 창업자가 없으면 창업 카페나 모임, 커뮤니티, 설명회 같은 곳에 가 보시라. 거기서 일주일 동안 창업자들을 만나 보면 다들 잘나가고 좋은 회사를 다니다 나온 사람들이다. 몇몇과 친해져 술잔을 기울이다 보면 다들 그 조직에서 한칼 하던 사람들이다. 신문이나 방송, 인터넷 포털에서 검색이 가능한 대단한 프로젝트를 이끌던 사람들도 있다. 핵심 신규 사업에서 핵심 역할을 맡았다는 인물도 있다. 이들끼리 뭉치면 금방 대기업 하나 세울 것 같은 아이템과 실력, 경력을 겸비한 사람들이다. 이야기를 곁에서 듣다 보면 나도 몰래 위축이 된다.

그런데 창업 후 몇 년이 지난 지금도 그들은 돈 걱정과 부채 상환에 골머리를 썩고 있다. 왜 그럴까? 한발 뒤로 물러서서 술자리 사람들이 하는 얘기를 종합해 보면 앞으로 사업을 어떻게 하겠단 발전적인 얘기보다는 '과거의 영광', '내가 예전에 이렇게 잘나가던 회사에서 핵심 역할을 했다'는 정도의 얘기만 오간다. 사업이 잘 안되고 있어 자위하는 것이다. 혹은 시작한 지 얼마 되지 않아 스스로가 무의식중에 '난 잘할 수 있어' 하고 암시하는 유형도 있다.

10년 넘게 친하게 지내는 기자가 단골로 가는 술집에 몇 번 갔었다. TV에서 자주 보는 줄 서서 먹는 대박집까진 아니어도 장사가 아주 잘되는 집이었다. 거기서 일했던 한 직원은 우리가 가면 친절은 기본이고 자기 가족보다 더 잘 챙겨 줬을 정도다. 그 정성에 감동해 나도 다른 사람들을 끌고 몇 번 찾았다. 어느 순간 가니 그 직원이 안 보였다. 궁금하기도 해 친한 기자에게 물어보니 자기 매장을 차려서 나갔다고 한다.

기자는 그동안 만난 정도 있고 해서 약속 세 번 중 한 번은 일부러 그쪽으로 찾아갔다고 했다. 처음엔 이른바 '개업빨' 받고 예전 술집 단골들이 찾아 줘서 금방 자리 잡나 했는데, 갈수록 피폐해 가는 게 보이더라는 것이다. 팔이 안으로 굽으니 친분 있는 컨설턴트 한 명에게 한번 봐 달라고 부탁했다고 한다. 그러면서 내게도 다른 시선으로 봐 달라기에 가 봤다. 뭐 나도 한번 봐야겠다 싶어 찾았다.

매장으로 들어서는 순간 알았다. 그 친구 음식 솜씨는 나쁘지 않았지만 자기가 혼자 감당할 수 있는 넓이가 아니었다. 소비자들은 미묘한 차이를 너무 잘 알아낸다. 그게 뭔지 표현하기 어려워도 불편함을 느낀다. 그렇게 되면 손님은 다시 찾지 않는다. 혼자 감당 못할 매장 넓이에 처음부터 너무 많이 끄집어낸 메뉴, 게다가 주문이 많이 들어오지 않으니 재료의 신선도는 떨어진다.

마감 후 매장 문을 닫고 둘이 한잔하며 얘기해 봤다. 처음 시작하니 인건비 아끼는 것도 우선이었지만 이 정도는 예전 '직원' 시절에 해 본 것이니 혼자 감당할 수 있을 것 같았다고 했다. 그런데 손님인 내 입장에서 보자면 테이블 여덟 개에 이른바 다찌라 불리는 '바'까지 혼자서는 무리였다. 주문받으랴, 음식 만들랴, 서빙하랴, 계산하랴, 정신이 없었다.

친한 기자와 만나 '혼자 감당 못할 규모로 시작한 게 문제인 듯하다'는 결론을 얘기했다. 해결책은 지금 매장의 절반으로 줄이든지 아니면 직원을 고용해 같이 하는 수밖에 없다. 이 두 가지도 아니라면 동업도 최후의 방법으로 나쁘지 않다. 더 세부적인 내용이 궁금한가? 썰을 풀면 아래와 같다.

어디까지나 내 생각이니 참고만 하시라.

안주 메뉴는 당시에 팔고 있던 열다섯 가지에서 절반인 일고여덟 가지로 줄여야 했다. 그동안 잘 팔린 걸 분석해 그걸 주인공으로 넣어야 한다. 매장 테이블은 네 개로 줄이고 나머지 공간은 셀프바를 두든 직접 달걀을 부쳐 먹는 곳으로 활용하는 식이 좋다.

똑같진 않았지만 현장을 지켜본 다른 컨설턴트도 '혼자 감당 못함'이란 대전제가 동일했다고 한다. 다른 점이라면 단독 매장보다는 프랜차이즈 가맹점으로 변신해 손님들 눈에 자주 들어오는 방법을 쓰라는 아이디어가 나왔다.

당신이 몸담았던 잘되는 회사, 좋은 회사의 노하우는 시스템에서 나온다. 한두 개의 번뜩이는 생각만으로 매출이 유지되지 않는다. 때문에 '나도 할 수 있다'는 생각으로 창업하기는 쉬워도 안정적으로 조직을 운영하기는 쉽지 않다. 직원 40명만 넘어가면 창업자 능력에서 우선 발휘되어야 하는 건 전체 조직을 끌고 가는 리더십이다. 이건 굳이 경영 수업이나 창업 수업을 받지 않아도 맞닥뜨리는 환경이다.

예를 들면 내가 영업하던 것을 거래처가 많아지면 영업 사원을 뽑든지 아니면 팀, 부서, 본부별로 영업하게 만들어야 한다. 잘하면 성과급을 더 주든지, 아니면 고래고래 소리 지르고 버럭 성을 내면서 조직이 움직이도록 만드는 게 능력이다. 팀별로 아이디어 회의가 이뤄지면 최종 결정권을 가진 창업자는 이를 결정하고 큰 방향을 제시해야 한다.

그런데 규모가 어느 정도 있는 기업에서 독립해 창업하는 사람들은 이런 시스템과 조직 문화를 놓친다. 금수저 얘기가 나오면 재벌 3세를 생각하지만 창업 바닥에서도 대단한 금수저들이 있다. 능력이 출중해 대기업이나 기관 투자가, 개인 투자자들에게서 창업 시작부터 몇십억 원 투자받은 사람, 집에 돈이 원체 많아 그걸로 시작한 이들이 여기 포함된다. 뭐, 그 비율은 전체 창업자들 중 아주 극소수일 것이다. 대부분은 '창업 금수저' 환경이 아니기에 혼자 혹은 동업으로 시작한다. 그래도 부푼 희망이 있기에 웬만한 문제에도 긍정적이다. 그러다가 냉혹한 현실에 부딪히면 백이면 백, '어? 내가 회사 다닐 땐 이런 문제가 없었는데?'란 생각을 한다.

요약하자면 당신이 다니던 월급 꼬박꼬박 나왔던 좋은 회사는 혼자 일하는 곳이 아니었다. 당신 능력이 아니라 조직과 시스템이 회사를 끌고 갔다. 당신이 가져야 할 마음가짐은 간단하면서도 쉽지 않다. 예전엔 100명이 일하던 것을 당신 혼자서 해야 한다. 이런 굳센 결심이 없으면 처음에 회사를 일으키기 힘들다. 이후 회사 매출을 안정적으로 만들었다면, 그다음은 관리의 묘미를 살려야 한다. 그래야 조직이 굴러간다.

시스템과 조직의 힘은 개인보다 강하다. 아무리 자기가 싸움 잘하고 무술 고수라도 1 대 100으로는 절대 못 이긴다. 그런데 대부분 창업자는 무술 고수도 아니고 100명 군사 중의 한 명이었다. 당신 말고 99명이 있었단 걸 놓치는 거다.

컨설턴트는
도깨비방망이가 아니다

대한민국 대표 TV 예능 프로그램은 〈무한도전〉이다.

난 무한도전의 골수팬으로 이 프로그램으로 논문 쓰라면 쓸수 있을 정도다. 실제로 선배 한 명이 나보고 무한도전을 좋아하니 그걸로 마케팅 쪽 박사 학위를 밟으라고 권했다. 물론 공부는 나에겐 전혀 맞지 않는 것이다. 지금도 공부하기 싫다. 그래서 말 돌리며 웃으며 사양했다.

'무한도전'이란 주제를 하나의 사회 현상으로 보고 연구하라면 연구할 사람이 널렸을 것이다. 나보고 무한도전 최고의 장면 혹은 멘트를 꼽으라면 개그맨 정형돈 씨의 'GD, 보고 있나?'다. 무한도전 가요제에서 정형돈과 호흡을 맞췄던 대한민국 아이돌 최고의 트렌드 세터라는 GD(지드래곤)이다. 그의 유명세는 이탈리아에 있는 여동생 애길 들어 보니 뉴스, 방송에서 접한 것 이상이었다. 빅뱅이 나타나자 이탈리아 공항이 마비돼서 방송된 적도 있었다고 한다.

더 이상 말하면 입 아프다. 이런 대단한 GD를 정형돈이 'GD 보고 있나?'로 한 방에 보냈다. 어떤 측면에서는 'GD 보고 있나?'가 GD를 무한도전이라는 예능 프로그램에 어울리게 해 줬다고 볼 수 있다. 무한도전의 색깔에 맞는 캐릭터가 GD에게 맞춤옷처럼 딱 맞아떨어졌다. 그도 프로그램의 성격에 맞게 움직였다. 나는 이런 정형돈 씨가 어떤 면에서 GD의 예능 컨설턴트 역할을 한 것과 같다고 본다.

대한민국 사람들은 정이 많아 그런지 참견을 많이 한다. 지나가며 툭툭 한마디. 심지어 게임비, 술, 짜장면 내기 같은 타이틀을 걸고 하는 당구장 게임 중에도 적수에게 이렇게 하라, 저렇게 하라고 안내해 준다. 이기기 위한 게임이기에 이런 현상은 신기하다면 신기한 일이다.

의견을 전달할 때 효율을 기준으로 순위를 굳이 매기라면 '충언 〉 충고 〉 조언 〉 훈수 〉 걱정 〉 참견 〉 잔소리' 순이라고 본다. 이런 기준으로 볼 때 자칭 컨설턴트들의 훈수는 효율성이 매우 낮다. 다시 정정한다. 듣는 이에게 씨알도 안 먹힌다. 면밀히 분석해서 잘나가게끔 의견을 모아 줘도 참견을 좋아하는 문화 속에 매몰되어 살고 있으니 '뭔 소리여?' 하는 반응은 기본이다. 심지어 아무것도 모르면서 돈만 바라는 사기꾼 취급할 때도 있다. 대부분의 대화 패턴은 아래와 같다.

등장인물

A: 창업자, B: 컨설턴트

상황 1 (강의형)

A: 제가 장사가 안돼요.

B: 그렇군요. 그동안….

A: 잠깐만요! 제 얘기 안 끝났거든요. 내가 하는 사업은요.
　　이러저러 요래조래 이만큼 저만큼…. (이하 2만 마디)

B: (아….)

상황 2 (아이디어 수집형)

A: 제가 이런저런 일을 하는데 요즘 이게 문제인 거 같은데
　　어떻게 해야 할까요? (침묵)

B: 그럼 이런저런 방법은 어떨까요?

A: 그건 제가 해 봐서 안 되는 거 알아요.

B: 다른 방법들을 실행해 보신 게 또 있으실까요?

A: 말할 수 없습니다.

B: 그럼 다른 방법은 이런 게 있는데요….

A: 다른 참신한 대안 없어요?

B: 아니 그게…. (만난 지 20분밖에 안 된 상황)

A: 당신 사기꾼 아냐?

B: (뭐라고 인마?)

상황 3 (다짜고짜형)

A: 이봐요. 내가 당신 잘한다고 얘기 들었어. 나 지금 힘드니
   당장 방법 내놔.

B: 네?

A: '금 나와라 뚝딱' 하듯이 하란 말이야!

B: (농담인가, 진담인가. 아, 미치겠다.)

무 썰듯이 단적으로 표현했지만 컨설턴트들끼리 한잔하며 안
줏거리 하는 대표적인 상황들이다. A들의 기분과 상황을 그 누
구보다 잘 아는 게 컨설턴트다. 왜냐고? 그 사람들이 고객이기
때문이다. 컨설턴트는 맨 마지막에 찾기 때문에 평판에 신경을
쓰는 사람이라면 허투루 입을 열 수 없다.

상황 2, 3의 경우처럼 황당한 경우도 없다. 미아리 고개에서 돗자리, 방석 깔고 앉은 점쟁이도 아닌데 만나서 곧바로 답을 내놓으라면 이런 상황만큼 황당한 게 없다.

점쟁이들한테도 30분 가까이 자기 얘기하는데, 컨설턴트에겐 유독 야박하다. 자기 상황은 길어 봐야 20분 정도 얘기하고 탈출 방법을 달라고 한다. 탈출이 주제라면 그나마 다행이다. 20분 만에 대박 터질 방안을 달라는 경우도 허다하다. 가뭄에 콩 나듯 가끔 이와는 정반대로 경청하고 서로 머리 맞대 생산적인 아이디어를 떠올리려는 사람들도 만난다. 그럴 땐 하늘이 돕는 기분이다.

컨설턴트들은 방학 숙제 밀렸을 때 대신 만들어 주거나 사다 주는 게으른 '엄빠' 아니다. 의뢰자의 상황을 면밀히 파악해 최적의 선택을 할 수 있게 선택지를 제공하고 성공의 길로 유도해 주는 일이 직업인 사람들이다.

한 언론인 문상에 갔다가 중소기업 창업주 아들을 만났다. 매출 200억 원을 넘기는 중견 기업이다. 그 업체가 속한 산업 분야는 처음 소개받는 곳이어서 신기했다. 술잔을 기울이다가 최근 한 블로거가 악평 남긴 것 때문에 골치 아프다고 해서 대처법을 제안했다. 일주일 뒤 연락해 제안대로 잘 처리했다며, 다시 한 번 보자고 해 회사를 찾았다. 그런데 그때 자기네 회사를 커 나가게 할 방법을 알려 달라고 했다.

기껏해야 문상 가서 명함 주고받고, 20분 술잔 기울인 게 끝이었다. 악성 블로거 대처법이야 일반화해 이야기할 수 있는 부분이다. 그런데 기업의 발전 방향은 맞춤형이라 전혀 다른 종류다. 개별화된 면밀한 분석이 필요한 사항이라서 그렇다. 두 번째 만나고 15분 만에 업계에서 1위 탈환하는 방법을 알려 달라는 건 좀 심하다. 두 미팅 시간을 다 합해 봐야 30분 봤을 뿐인데 나보고 뭘 어쩌라는 건가? 차근차근 설명해 줬다. 당장은 어려우니 해법 찾아서 제안서를 만들어 올 테니 일주일 뒤에 보자고 했다. 그랬더니 '이거 사기꾼 아냐?'란 표정으로 바라보던 그 눈빛이었다. 담배 한 개비 피우고 헤어질 때 씁쓸한 기분을 어쩔 수 없었다.

컨설턴트는 점쟁이, 무속인은 둘째 치고 피 섞인 일가친지도 아니다. 모든 걸 다 말하고 함께 고민하고 궁리해도 제대로 될지 말지 모르는 판국인데 경험상 70퍼센트는 자기한테 불리한 건 다 숨기고 '장점'만 열심히 얘기한다. 대박 난 프로야구 선수들은 코치 덕분이라고 하는데, 그 코치들은 최소 1년 동안 같이 경기를 다니면서 선수를 확인한 사람이다. 스프링 캠프 때부터 1년 내내 옆에서 선수의 모습을 보면서 그 선수가 크도록 만들어 준다. 이렇게 시간을 두고 제대로 분석하는 건 바라지도 않는다. 컨설턴트를 도깨비방망이로 보니 미칠 수밖에 없다.

허름한 내게도 이것저것 물어보러 오는 사람들이 있다. 얘기 듣고 운영하는 걸 보며 면밀히 분석해야 하는데 만나는 순간 '답 내놔'다. 당장 잘되는 법을 잘 찍으면 내가 지금 이러고 있겠나? 대기업 몇 개를 세우고도 남았을 것이다.

모임에 나가서 썰을 풀면 이상하게 나를 과대평가하는 사람들이 많다. 기자들 만나고, 브랜딩이나 마케팅 업무에, 대기업 PR 해 보고, 마케터들과 같이 일하고, 어쩌고저쩌고 하니 내가 대단한 놈으로 보였나 보다. 술 한잔하러 가면 그 자리에서 이것저것 물어본다. 만난 뒤 길어야 10분이다. 다짜고짜 '내 사업 어떻게 하면 되냐'고 물어본다. 물론 큰 의미 없이 물어본 질문일 수 있다. 그래도 '내 사업이 이런 건데 요즘 이런 고민이 있다. 이를 해결할 수 있는 방안을 찾고 있는데 괜찮은 방법 없을까?'하는 식으로 질문받길 원하는 건 사치일까?

폭망 프로세스 1
처음부터 안되는 경우

내가 목격하고 경험(?)하고 언론인 통해 확인한 '폭망' 초특급 익스프레스 급행은 크게 두 가지다. 우선 처음부터 말아먹는 경우를 보면 아래와 같다.

아이템 선정 ➡ 시장 분석(소비자, 고객 안 만나고 노트북, 스마트폰, PC 등 모니터로만) ➡ 자금 마련(상환 계획 없이 일단 여기저기서 끌어다 씀) ➡ 재고 늘리기, 혹은 만나 보지도 않은 거래처 연락처 확보 ➡ 오픈 ➡ 왜 안될까 고민 ➡ 컨설팅 받아 아픈 곳 지적받으니 오기 혹은 고집 생김 ➡ 문제의 원인 찾는답시고 두문불출하며 새 출발을 위해 대출 늘림 ➡ '이렇게 마케팅해서 됐더라'는 식의 소문대로 실행(할인, 쿠폰 등등) ➡ 통장 잔고의 위기 ➡ 현실로부터 도망갈 명분 만들기 시작(나라 경제와 소비자가 문제다) ➡ 처분 ➡ 사업 은 역시 아무나 하는 게 아니라는 말을 달고 살게 됨

굳이 길게 얘기하지 않아도 가장 초보적이고 안일한 생각을 가진 사람들이 이렇게 된다. 기분 나빠도 어쩔 수 없다. 사실이 니까. 처음부터 말아먹는 사람들의 공통점은 한발 앞서가려고 하지 않고 무조건 남들만 따라 하는 습성이 있다. 남들이 이미 다 한 것을 따라만 하니 망하는 길도 곧장 이어지기 쉽다.

내가 쇼핑몰 플랫폼 회사의 홍보팀장일 때 창업 교육을 수강 하던 사람과 얘기한 적이 있었다. 그 사람은 사업 준비 자세부터 가 실패였다. 사업 아이템에 대해 묻자 요즘 쇼핑몰이 잘되니 돈 좀 벌어 볼 거란 답이 돌아왔다. 아니 그건 이미 아니까 어떤 아 이템으로 할 것이냐고 질문하자 창업 교육받으며 천천히 생각해 보겠다는 반응이다. 지금 종합반 교육 중반을 넘어가는데 아직 도 천천히 생각하겠다니…. 그래 좋다. 자금은 어떻게 할 거냐? 퇴직금 있고 부인 이름으로 대출받을 거란다. 마케팅 계획도 뻔 했다. 다른 쇼핑몰 보니 포털 검색 광고와 블로그로 재미 보더 라, 나도 그렇게 할 것이란 식이다. 딱 여기까지 얘기했다. 다른 말은 물어도 의미가 없다.

2012년 강의 나가서 만난 사람이 있다. 편의상 C라고 표현한다. C는 강의 때 적극적으로 참여하고 쉬는 시간마다 찾아와 쇼핑몰 홍보와 장사 방법을 알려 달라고 해 매우 인상 깊었다. 강의 끝내고 일주일 뒤 갑자기 연락해서 술도 한잔했다. 유기농 수입 화장품 쇼핑몰을 운영하는데 처음 시작할 때의 생각보다 장사가 안돼 고민 중이었다. 그래서 이런저런 내가 줄 수 있는 아이디어를 주고 헤어졌다.

한 달 뒤 갑자기 전화해서 '대출받아 당신하고 일할 수 있는 돈 마련했다. 계약하고 바로 일하자'라고 했다. 어려운 상황인지 아는지라 진심으로 미안하고 고마웠다.

C는 이름만 대면 알 만한 여행사에서 유럽 쪽 여행 상품을 담당하던 팀장 출신이었다. 해외에 자주 나가니 유기농 화장품을 국내 여행객들이 많이 싸 들고 들어오는 게 보였다고. 그래서 본격적으로 쇼핑몰을 시작했는데 빚만 늘고 있었다. 나흘 밤새 가며 이쪽 시장을 파악하고 쇼핑몰 메뉴와 그동안 진행했던 마케팅 방안을 분석했다. 거기서 내린 결론으로 회의 때 최적의 방안을 제시했다. 우선 세부적인 쇼핑몰 메뉴는 물론 그가 대학 평생교육원에서 사주, 명리학 공부를 했다는 걸 알고 그 지식을 사업에 활용할 수 있게 했다.

사실 그의 가장 큰 문제는 무리해서 들여온 재고였다. 잘될 거라는 생각만으로 미국에서 유기농 화장품을 잔뜩 들여왔던 것이다. 독점 계약은 좋았는데, 그것도 팔렸을 때나 좋은 것 아니겠는가. 화장품도 유통 기간이 있어 시간이 가면 땡처리는 둘째 치고 늦으면 그대로 폐기 처분해야 한다. 딱 그 일보 직전이었다. 그때 내 눈에 든 것은 찜질방이었다. 찜질방 마사지숍에 할인해서 재고를 넘기면 딱이었다. 찜질방 몇 군데 찍어서 사흘 놀듯이 돌아다니다 보면 사업 이야기를 할 기회가 생길 것이다. 아파트 단지가 크게 들어선 주변으로 가면 힘깨나 쓰는 부녀회장도 많이 만날 수 있다. 곧바로 이런 내용을 정리해서 메일 보내고 전화로 설명했다. C는 돌파구가 보이는 것 같다며 쾌재를 불렀다.

그런데 나흘 뒤 그의 사무실을 찾아가니 C는 사무실에서 스타크래프트 게임에 열심이었다. 재고 처분할 곳은 찾았느냐고 물어보니 엉뚱한 말만 계속했다. 답답해서 채근하니 "쪽팔려서 영업 못 가겠다"는 답변이다. 여기에 더해 아이디어 낸 사람이 직접 뛰어 줬으면 한다는 황당한 말까지 덧붙였다. 의리가 있지 포기할 내가 아니다. 나는 일주일 동안 아파트 단지가 크게 들어선 곳 주변의 찜질방 몇 군데를 찍은 뒤 실제로 다리를 놓아 줬다. 쇼핑몰 운영 아이디어와 노하우도 알려 주고, 말도 안 되는 억지 상황을 만들어서 언론을 통해 기사화되도록 도와주기까지 했다.

그렇게 난 애를 썼는데 C는 찜질방 근처도 안 갔다. '찜질방은 아닌 것 같다'란 말만 했다. 처음엔 '영업 다니기 창피해서'가 이유였는데, 이젠 아이디어 자체가 틀렸다는 반응이다. 뭐, 고객이 그렇다면 어쩔 수 없지. 난 곧 다른 방안을 떠올렸다.

기자 인맥 동원해 유명한 화장품 매장 몇 곳을 직접 연결해 줬던 것이다. 그런데 화장품 사업자가 아닌 내가 아무리 적극적이면 뭐하나. 정작 본인이 마지막 골을 넣지 않으면 안 된다. 내 기대와 달리 C는 이상하게 망하려고 열심히 노력하는 것 같았다.

거의 다 된 계약을 전달하면 맨날 집안 핑계를 달면서 외면했다. 제사와 가족 모임이 그렇게 많은 사람은 처음 봤다. 쇼핑몰이라도 잘 관리하면 된다는 생각이었는데 그마저도 엉망이었다. 고객 문의가 올라오면 실시간 답변은 없고 무작정 제품이 좋으니 사라는 식이었다. 내가 소비자라면 이런 태도에 질려 다시 방문하지 않을 것이다.

개인적으로 배신감을 느꼈던 건 컨설팅료로 세금계산서를 발행한 이후였다. C는 돈이 없으니 화장품으로 가져가라고 했다. 미안하지만 부득이 나중에 주겠다는 게 아니고 내 노력과 성과를 유통 기한이 다 끝나가는 화장품으로 맞교환하자는 것이다.

난 묵묵히 그가 보여 준 모습으로 장단점을 분석해 보고했다. 내가 해 줄 수 있는 마지막 배려이자 작별 인사였다.

창업할 때 처음부터 망하려고 준비하는 사람은 절대 없다. 그런데 옆에서 보면 말아먹으려고 자세 잡는 사람들이 허다하다. 그리고 이런 부류들은 어떻게든 남 탓하며 도망갈 명분만 찾는다. 그 노력으로 영업을 더 하면 좋을 텐데 말이다.

폭망 프로세스 2
잘나가다가 넘어지는 경우

처음부터 망하는 길을 예약한 경우 외에 잘나가다 문을 닫는 케이스도 있다. 시장 상황의 문제가 아니라면 두 번째 경우는 아래 과정으로 진행된다.

아이템 선정 ➡ 준비 ➡ 시작 ➡ 반응 좋음

➡ 숫자에 현혹(월급 200 받다가 매출 400!) ➡ 에헴, 사업 별것 아니네?

➡ 여기저기 경쟁자 생기지만 크게 신경 안 씀

➡ 한동안 '관성'으로 매출 이어짐

➡ 관리(고객, 거래처, 투자자, 경쟁사 움직임 등등) 소홀

➡ 경쟁사 치고 올라옴

➡ 일시적인 현상으로 생각 ➡ 매출 감소도 일시 현상이라 판단

➡ 방안을 찾기 시작 ➡ 너무 늦었다는 생각 ➡ 컨설턴트!

➡ 별것 없네. 너네 없어도 잘할 수 있다, 초심으로!

➡ 환경 바뀌어 '감'을 잃음

➡ 이벤트, 또 이벤트

➡ 자존심 상하지만 후발 주자(경쟁사) 벤치마킹

➡ 그동안 벌어 둔 돈 쏟기 ➡ 같은 상황 ➡ 한 푼이라도 건지라는 주변인들 아우성

➡ 땡처리 혹은 폐업 ➡ 본전 생각만 하면서 잠수 ➡ 이 모든 건 현실 탓!

내 경우가 이 프로세스를 따랐다.

처음엔 괜찮았지만 결국은 망하는 지름길로 뛴 것이다.

때는 2014년 1분기다. 어라? 월 매출이 800만 원이었다. 당황했다. 왜 이리 통장에 돈이 많이 찍혔지? 선배에게 부탁해 보증금 빌려서 3월에 드디어 사무실을 오픈했다. 드디어 내 사무실이 생겼구나. 직원과 둘이서 가구 조립하며 이제 돈 많이 벌 일만 남았다고 낄낄댔다. 먹고 싶은 것도 다 사 먹었다. 금요일부터 토요일까지 그 비싸다는 소고기는 물론 경기도 이천에서 두당 1만

5천 원 하는 쌀밥을 주위에 턱턱 쐈다.

그래 이젠 직원을 위한 복지다. 금요일에 별일 없으면 직원과 언제나 '금요 낮술 회식'을 진행했다. 금요일 오후 2시면 업무 정리하고 반주를 곁들인 점심 식사 후 오후 4시에 퇴근했다. 중소기업, 소상공인, 벤처 기업, 스타트업 챙기면서도 너무나 여유로웠다. 거기다 상대적으로 어려운 기업을 챙겨 주니 내가 뭐라도 된 것 같은 기분이었다.

내 마음대로 뭘 사도 문제가 없었다. 대단한 흑자는 아니었지만 그런 기분이었다는 뜻이다. 어느 날 예외적으로 고객사 한 곳이 PR을 자체적으로 진행하겠다고 해 계약이 해지됐다. 그러려니 했다. 마지막 월급쟁이 시절보다 통장에 찍히는 돈이 훨씬 많았기 때문이다. 직원 월급은 문제가 아니었다. 갈 사람은 가라. 새롭게 계약할 곳은 많았다.

친한 동생의 지인이 운영하는 쇼핑몰이 대외적 문제가 생겼다면서 연락해 왔다. 생각보다 피해가 적게 만들었더니 6월부터 일하자고 하여 계약했다. 기분 째졌다. 해당 분야 담당 기자를 섭외해 그곳 단독 인터뷰도 만들어 줬다.

일이 늘어나는 것 같아 직원을 더 채용했다. 지금 생각해 보면 비용만 늘리고 향후 대책이 없었다. 일 맡겼던 곳 중에서 딱 두 달 만에 계약 해지하는 곳이 나왔다. 다른 곳은 대행료를 두 달째 체불 중이었다. 그때까지만 해도 나쁘지 않았다. 직원들 월급을 감안해도 적자는 아니었기 때문이었다. 초반에 일이 잘 풀려서인지 자신감만은 최고였다.

그 여파로 어떤 고객사에는 내가 먼저 계약 해지 얘길 꺼냈다. 난 개념 있는 놈이니 가려서 일한다는 암묵의 표시였다. 그런데 어느 순간 살펴보니 오래전부터 어두운 기운이 나를 감싸고 있었다. 신규로 영입한 고객은 대행료를 굴비로 알았는지 외상만 줄기차게 달았다. 벌어 놓은 돈은 금세 바닥이 났다.

월급쟁이 때나 창업 강의를 나가기 시작한 초기 창업 시절에는 항상 '상대적 풍요'를 경계해야 한다고 스스로 말했다. 결과적으로 보면 내가 한 말도 실천하지 못했다.

남에게는 이래라저래라 말은 많이 했지만, 나 스스로가 초보였다.

세금계산서 발행 후 고객사가 입금한 통장에 찍힌 돈은 다 내 것으로 보였다. 정부 형님께 갖다 바치는 부가세는 건드리면 안 되는 것이었는데 일하다 보니(?) 솔직히 그냥 썼다. 그렇게 하고는 부가세 납부 시즌에 나라와 정부에 대한 욕을 쏟아 부었다.

사업 초반의 운빨이 다시 찾아올 거라면서 먼 미래만 그리고 있었다. 폐업 3~4개월 전 지인들은 '경제', '정부', '현실'을 말하며 위로해 줬다. 고마웠다. 그러나 딱 거기까지였다. 현실 얘기하며 위로하는 건 돈 드는 것도 아니니 언제든 해 줄 수 있는 것이었는데 너무 진지하게 받아들였다. 그 말과 내 과거에 취해 "경제가 어려워 기업들이 긴축 재정을 벌이니 내가 어려울 수밖에 없다"란 논리가 머리 안에 자리 잡았다.

핑계였다. 핑계 없는 무덤 없다고 하지만 이런 마인드가 사업하는 데 도움이 될까? 사람들에게 이런저런 핑계를 대느라 술값, 담뱃값 지출까지도 늘었다. 망하는 프로세스를 달리는지도 모르고 남들과 같이 맞장구치며 열심히 욕했다.

다른 사람에겐 조심해야 한다며 주의시키던 사항을 스스로 실천하지 않고 있었다. 힘들수록 열심히 영업해야 하는 건 기본이다. 여기에 더해 하루하루, 매주, 매달 일어난 일을 분석하고 다음 발전 방향을 고민하고 새로운 전략을 만들어 내야 한다.

여기까지 읽었으면 책 덮고 지금까지의 매출과 간편 기장 엑셀 파일부터 열어 보시라. 그리고 이번 주에 무슨 일이 있었는지, 지난달 문제 생겼던 건 해결했는지 생각해 보시라. 당장 돈 없다고 부가세 낼 거 다른 쪽으로 쓰지 않았나? 잘나가던 사업을 말아먹으면 처음부터 폭망하는 것보다 백배 천배 더 쓰리다. 왜냐고? 어느 정도 경제적 풍요와 그에 따르는 주변인들의 찬사(?)를 느껴 봤기 때문에 그렇다. 그 희열은 느껴 보지 않으면 모른다. 그때 생각하며 글 쓰는 내 기분은 그냥 속만 쓰린 게 아니다. 무슨 말인지 이해하며 고개 끄덕이는 사람들은 잘 알 것이다.

'뚝심'과
'똥고집'의 사이

대한민국 야구의 영광 얘기가 나오면 빠지지 않는 것이 2008년 베이징 올림픽이다. 김경문 감독의 9전 전승 신화가 그 백미다. 베이징 올림픽 금메달을 확정 짓는 더블 플레이를 성공시켰을 때 MBC 허구연 해설위원의 울부짖던 중계는 아직도 스포츠 케이블 채널에 나온다. 경기 직후 거짓말 좀 보태 한 달 동안 김경문 감독의 뚝심에 대한 기사가 스포츠 지면을 도배할 정도였다. 예선부터 준결승까지 한기주, 이승엽 선수의 부진에 우려를 넘어 그동안 두산 베어스 한국 시리즈 준우승 얘기까지 꺼내며 잘못된 용병술 지적을 잔뜩 늘어놓던 언론이 언제 그랬냐는 듯 뚝심을 칭찬했다.

2016년 김경문 감독은 조선일보와의 인터뷰에서 "그때 진짜 욕 많이 먹었다"고 털어놨다. 다른 매체에서는 "평생 먹을 욕을 다 먹어 오래 살 것 같다"는 농담도 꺼낼 정도였다. 지금도 김경문 감독은 이런 뚝심에 대한 질문을 받으면 아주 간단히 말한다.

"이승엽은 이름값이 있다. 다른 선수들도 훌륭했지만 그래도 결정적일 때 한번 해 줄 것으로 믿었다."

이런 뚝심은 단순히 특정 선수에 대한 믿음에서 나온 게 아니었다. 다른 작전과 상대 분석 등 승리를 위한 모든 것이 준비돼 있었기에 지킬 수 있던 것이었다.

군이 입 아프게 설명하지 않아도 성공한 사람들은 고난과 역경을 딛고 일어서는 의지력이 대단하다. 잠깐 일어나는 상황과 어려움에 일희일비一喜一悲하지 않는 뚝심을 지녔다.

여기서 눈여겨봐야 할 것은 뚝심이란 것은 타고나는 게 아니라 길러지는 것이란 사실이다. 뚝심은 사업하며 생길 수 있는 모든 상황을 분석하고 준비하며, 언제 닥쳐올지 모를 위기에 대비하는 등 여러 노력의 끝에 형성된 것이다.

창업한 사람들 중 태어날 때부터 사장에 오른 사람은 아무도 없다. 금수저 재벌 3세들도 경영 수업을 받지만 곧바로 회장, 총수 자리부터 시작하지 않고 팀, 본부 같은 조그만 조직부터 시작한다. 일반인들이 흔히 착각하는 부분이다.

사업이란 걸 한마디로 표현해 달라는 초기 창업자, 예비 창업자들이 많다.

나는 '1미터 앞도 분간하기 힘든 안개 속 걷기'로 표현한다. 자욱한 안개 속에 들어가면 아무것도 안 보일 것 같지만 좀 걷다 보면 그냥 걸어지다가도 멈추게 된다. 뭔가 보일 것 같지만 끝까지 안 보인다. 이게 사업이다.

매일 편하게 걷던 길도 안개가 자욱하면 걷기 힘들다. 월급쟁이 경험만 있는 사람들은 무슨 말인지 모를 것이다.

사업자 등록증 내고 사무실 고사를 지낸 후에는 누구나 열심히 뛴다. 하지만 1미터 앞도 분간하기 힘든 자욱한 안개 속을 걷고 있으니 몇 발짝 걸으면 조금씩 혼란스럽기 시작한다. 우선 방향에 맞게 제대로 가고 있는 건지 헷갈린다. 바로 앞에서 뭐가 불쑥 튀어나와 부딪히는 건 아닌지도 두렵다. 동업자에 직원들까지 있으면 고민이 더해진다.

그럼에도 불구하고 앞으로 나아가면 이번엔 주변에서 이런저런 소리를 한다. 연애 시작할 땐 좋다고 하던 연인이 시간 좀 지나자 잔소리하는 것도 아닌데 말이다.

창업자들 특히, 사장 혹은 CEO 타이틀을 가진 사람들은 외롭다. 무엇이라도 결정을 해야 하고, 그 결정대로 조직을 끌고 가야 하기 때문이다. 어쨌든 초심은 버리면 안 된다 싶어 '못 먹어도 고(Go)'와 같은 결정을 내린다. 왜? 난 뚝심 있는 사람이고 나중에 그렇게 보여야 하니까!

적자는 안 났지만 영업은 제자리걸음이었던 때 직원 한 명이 사업 아이템을 하나 제안했다. 간단했다.

'단순한 언론 PR이 아니라 새로운 홍보 채널까지 확대해 보자. 두목 당신도 잘할 수 있으니 결정해 주시라. 우리도 열심히 하겠다.'

블로그 포스팅부터 시작하자는 게 그 친구의 의견이었다. 얘기를 듣고 나서 이틀 동안 고민했다. 과연 감당할 수 있을까? 나름대로 시장 분석도 해 보고 선배들의 의견도 들었다.

이틀 뒤 직원들과 소주 한잔하며 선언했다.

'그건 우리 갈 길이 아니다. 우리는 야매, 사짜 아닌 정통 PR을 소상공인, 중소기업인들에게 제공하는 곳이다. 정공법으로 가자. 너희들 월급은 어떻게 해서라도 챙길 테니 걱정 말고 가자는 대로 따라와 달라.'

내가 명색이 PR 업계 선배인데 정통 PR부터 제대로 해야 하지 않겠나? 뭔가 새로운 시도를 하고자 했지만 아쉬워하는 직원들을 소주 한잔으로 달랬다. 나 스스로는 내가 가는 길에 명분을 쌓았다. 그날 저녁 집에 들어가는 길에 스스로 흐뭇해하면서 내 뚝심을 칭찬했다. 결과적으론 똥고집이었다.

회사 망하는 지름길로 들어선 것도 모자라 더 빨리 가려고 급행 탄 걸 뚝심으로 착각하고 있었다. 급변하는 환경에서 보수적인 결정을 뚝심으로 포장하려면 영업을 더 뛰어서 통장 잔고부터 안전하게 만들어야 했다. 직원들 월급 더 주고 보너스도 그때마다 챙겨 줄 수 있게 말이다. 대책을 마련해 다른 곳에서 펑크 안 나게 준비했어야 했다.

김경문 감독이 이승엽 선수를 '분명히 결정적일 때 한 방 해 준다'고 믿어 주면서 다른 곳에선 점수 내서 경기를 이길 수 있게 작전 짜 놓고 임했듯이 말이다. 고객사부터 늘려 놓고 '정통' 따위의 말을 했어야 했는데, 대책이 없었다.

사업이랍시고 하다 보면 좋은 일은 한 달에 한 번 정도고 나쁜 일은 하루에도 수십 번씩 찾아온다. 직원들이 미치게 애 먹이는 건 미포함 사항이다. 고객과 소비자들의 갑질은 기본이고 생각지도 못했던 일이 벌어져 당황케 한다. 거기다 왜 꼭 사고는 밤늦게 한잔할 때 벌어져 그 자리에서 뛰쳐나오게 하는지 모르겠다. 사실상 이 과정을 극복하는 게 사업이다. 조금 극복하고 나면 자기 판단에 대한 믿음이 생기는데 이게 함정이다. 작은 어려움을 해결한 것으로 우쭐하면 이게 똥고집으로 커진다. 남들 말 안 듣게 되고 스스로 만든 울타리 안으로 들어가 나올 생각을 안

하는 것이다.

나 역시 그랬다. 그때 이걸 고쳤으면 열심히 돈 벌어서 빚 갚는 데 전력하는 지금의 내가 아니라, 머릿속에 그리는 마지막 삶을 위해 통장 잔고가 채워지고 있었을 것이다. 그리고 이렇게 창업자들이 듣기 싫은 불편한 얘기를 책으로 쓰고 있었겠나? 남들처럼 이러면 성공한다, 잘난 척하며 자서전 같은 책을 쓰고 있었을 것이다.

똥고집을 뚝심으로 착각한 대가는 컸다. 돈도 돈이지만 2년 반의 시간을 허비했다는 자괴감부터 들었다. 그 사이 나이는 마흔이 넘고, 자동으로 꼰대 계열로 편입됐다.

똥고집 피우며 성공은 못해도 악착같이 버티는 건 가능하다. 내 주위에도 그런 인물이 있다. 그 사람을 옆에서 보면 참 신기하다. 매출은 올리는데 수중에 남은 돈은 없다. 한 달 매출 대부분이 빚 갚는 데 쓰이기 때문이다. 빚 메꾸기 기술은 가히 국가 대표급이다. 회사 경영하는 모습을 보면 사장이 아니라 사람들에게 존경받는 학자처럼 일한다. 그가 SNS에 내건 경영 철학만은 스티브 잡스 못지않다.

망해야만 자신의 뚝심이 사실은 똥고집이었다는 사실과 마주하게 된다. 실패해야 자신의 잘못을 안다. 그걸 고치면 다시 일어설 수 있다. 반대로 남 탓하며 똥고집 포기할 생각을 안 하면 똑같은 결과가 반복된다. 본인이 뼈저리게 느끼고 반성해야만 상황이 바뀐다.

성공한 사람들의 자서전을 볼 땐 성공한 사실만 보면 안 된다. 아이템을 볼 줄 아는 눈과 성공까지 이른 집념의 과정을 이해해야 한다. 뚝심은 타고난 것도 아니고 단기간에 만들어지지도 않는다. 성공을 확신하면서도 실패하지 않기 위해 철저한 준비를 거듭하는 것은 기본이다. 지금 당장 비용으로 지출해야 할 돈도 없으면서 무슨 성공을 위한 준비를 하고 있다고 말하나? 시장에서 절대 먹히지도 않고 팔리지도 않을 아이템을 가지고 시장이 몰라준다 할 수도 있다. 물건은 나가지도 않는데 무슨 자서전 쓸 준비부터 하나?

태블릿 PC나 스마트폰 사업 얘기를 90년대에 했으면 미친놈 소리를 들었을 거다. 조선의 르네상스를 이끌었다는 정조 시절에 "신분제는 없어지니 지금부터 이에 대한 사업을 준비하면 대박이다"란 말을 했어도 마찬가지다. 신분제 폐지는 정조 사후 100년 뒤에나 이뤄졌다. 지금이야 의학 발전이다 뭐다 해서 평균 수명이 늘어나 100년도 바라볼 수 있다고 한다. 그렇다고 태어나 100년 동안 사업만 하나? 내 아이템이 시장에서 대환영받을 때까지 뚝심이 밥 먹여 주지는 않는다.

뚝심과 똥고집은 한 끗 차이다. 사업하며 길러지는 뚝심만큼 똥고집 역시 비례해서 커진다. 자신의 실수는 가슴에 품고 '당신이 이걸 모른다'면서 이 악물고 버티면 똥고집도 같이 커지게 된다. 성공하는 사람들은 그 사실을 인정할 줄 안다. 차이는 그 똥고집을 줄이려는 연습과 실행이다. 문제는 스스로 인식하는 순간 문제가 아니다.

당신은 지금 뚝심을 행하고 있나? 아니면 똥고집을 피우고 있나?

5장

CEO, 사장.
직함 참 아름답다

당신 경험은
'월급쟁이' 경력이다

고려 때 '망이·망소이의 난'이란 민란이 있었다. 무신 정권의
폭정이 심해지자 망이와 망소이라는 이름의 두 천민이 "왕의 씨
가 따로 있나?"란 질문을 던지며 들고 일어났다. 관군에 진압된
건 순식간이었다. 민란에 가담한 천민들은 모두 사형에 처해졌
고 두 주모자는 산 채로 묶여 강물에 빠뜨려졌다는 야사가 전해
진다. 상남자하면 떠오르는 초한지의 항우도 소년 시절 진시황
이 순행 돌아다니는 것을 보고 "왕후장상의 씨가 따로 있나?"라
면서 소리 질렀다는 얘기가 있다.

사장, CEO도 그렇게 태어나는 게 아니다. 너무도 단순한 진
리인데 창업자들은 이 사실을 대부분 놓치고 시작한다. 처음부

터 사장은 없다. 초창기에 실수가 많은 건 당연하다. 차이는 그 실수를 만회하고 고치려는 태도다. 같은 실수를 반복하지 않으려고 열심히 경영을 잘하는 사람이 성공한다.

회사 경영, 즉 외부 영업과 내부 관리를 잘하는 능력은 어느한 가지로 결정되지는 않는다. 능력을 스스로 키우려고 노력하는 한편, 다른 사람들에게서도 배울 건 배워야 한다. 일정 부분은 타고난 감각도 무시할 수 없는 부분이다. '역시 돈 잘 버는 사람은 뭔가 달라'와 같은 말을 소싯적부터 듣는 사람들이 여기에 해당한다.

월급쟁이 시절을 떠올려 보자. 사장이 내리는 결정을 보면 말도 안 되는 것이 무지 많았다. 동료들과 한잔하며 사장 욕을 안주로 삼을 때 대부분 이런 얘길 한다.

"도대체 왜 그런 결정을 한 거야?"

난 더했다. 그래서 사장이 되면 훨씬 더 잘할 줄 알았다. 지금 뒤돌아보면 엄청난 착각이었다.

일반적으로 '홍보'는 알리는 것으로 알려져 있다. 틀린 의미는 아니다. 한자로는 '弘報'다. '넓을 홍', '갚을 보'로 구성된 이 단어를 직역하면 '넓게 갚는다'란 말이다. 널리 사람들 사이에 좋은 의견이 돌게 하고 그 기대를 갚아 나가는 과정에서 좋은 여론이 형성된다. 이론적으로 홍보는 여론을 움직이는 거룩한 일이라고 할 수 있다. 실제는 어떤가. 홍보를 업으로 하는 사람은 홍보쟁이다. 홍보쟁이로 살면 내가 잘못한 것도 없는데, 고개를 굽신거려야 한다. 한 업계 선배는 "우리 조상 삼대가 악업을 행하면 홍보 담당자가 나온다"고 말한 바 있다. 100퍼센트 공감한다. 그래도 홍보는 내 숙명이라고 여기고 회사를 열심히 다녔다.

내 이름으로 창업했을 때, 그동안 사람들한테 시달린 '짬밥'이 있으니 잘할 수 있을 거라고 생각했다. 속칭 성질 더러운 사람들을 꽤나 만나 봤기에 어떤 상황도 잘 헤쳐 나갈 것이라고 여겼다. 그런데 정반대였다. 사람 상대하기가 예전보다 더 어려웠다. 고객만 관리하면 되는 게 아니었다. 내부의 사람도 잘 관리해야 했다. 이런 부분은 기본이다. 총무에 회계 일까지 챙기지 않으면 안 됐다.

월급쟁이 경험만 가진 채 그걸로 회사 경영과 마케팅 능력을 다 갖췄다고 설치니 잘될 수 있나? 스스로 사장 경력과 경험이 없으니 많이 배우며 바꿔 나가겠다는 자세라도 있어야 했는데 초창기의 나는 전혀 그렇지 않았다.

내가 아는 투자 전문 회사 대표에게 투자하고 싶은 CEO들의 특징 하나를 꼽아 달라고 했다. 그는 당연히 '대표자의 인성'이라고 역설했다. 처음엔 좀 의아했다. 성격 좋아야 하는 건 너무 당연한 얘기 아닌가. 나에게 사장으로서의 경험치가 좀 쌓이면서 그 말을 뒤늦게 이해하게 됐다. 초기 스타트업이나 벤처 기업은 기대만큼 수익이 높지 않다. 어느새 거창했던 꿈만큼 현실이 초라해지고 조직원들도 떠나간다. 회사와 함께 성장하겠다던 녀석이 몇 달 지나면 다른 곳 월급이 더 많다고 투덜거리는 건 기본이다. 바로 이때 대표자의 인성이 운명을 좌우한다. 단순하게 '오냐오냐' 하며 다독거리기만 하는 등 좋은 소리만 하라는 뜻으로 오해하지 말자. 비정한 현실에 이성을 잃기 보다는 차분하게 시련을 바닥으로 삼아 밟고 일어서려는 배포가 핵심이다. 그 배포는 대표자로서의 인성에서 나오는데 월급쟁이 경력으로는 전혀 가늠이 안 된다.

때문에 자신이 첫 창업을 한다고 하면 월급쟁이 경력만 있었다는 사실을 냉정하게 인정하고 준비해야 한다. 팀장 경력 따위를 사장으로서의 능력치로 착각하는 것만큼 위험한 건 없다. 이 점을 유념해야 초보자로서 실수를 해도 쉽게 어려움을 극복할 수 있을 것이다.

CEO, 사장이 될 것인가?
패배자가 될 것인가?

'승리하면 작은 것을 배울 수 있다. 그러나 패배하면 모든 것을 배울 수 있다'.

유명한 야구 명언이다. 미국 MLB는 정규 시즌 166경기, KBO는 144경기다. 야구 선수들은 한 경기 졌다고 슬퍼하지 않고, 이 격언대로 실패를 분석해 나간다. 동료 선수가 실수하면 다음엔 잘하면 된다고 격려한다. 길고 긴 프로야구 시즌이 끝날 즈음에는 이러저러한 것을 보강해서 다음 해를 준비해야 한다고 말한다.

하지만 사업 영역에서 아름다운 프로야구의 격언은 외계어일 뿐이다. 안 망해 본 사람은 무슨 말인지 진짜 모른다. 진짜다. 빚 독촉과 함께 주변인의 차디찬 시선을 겪지 못한 사람은 안다고 해도 아는 게 아니다. 말로 듣고 짐작할 수 있는 수준이 아니기 때문이다.

사업에 실패해 폐업 신고서를 작성하고 나면 인생도 폐업한 것 같은 느낌이다. 가뜩이나 우울한 기분인데 사람들까지 멀어진다.

반대로 사업이 순풍을 타면 평소에 연락도 안 되던 사람들까지 만나자고 난리다. 나도 모르는 내 사업 노하우가 뭔지 궁금하다며 접근하는 이들도 생긴다. 본인은 생각지도 않았는데 주위에서 '저래서 성공했구나' 하며 존경의 눈빛을 보낼 수도 있다. 나아가 투자를 바라지도 않는데 자발적으로 사업에 끼워 달라며 뭉칫돈을 들고 오는 경우도 생길 것이다.

폐업하면 정반대다. 평소 연락이 잘 되던 사람도 왕래가 끊긴다. '애초부터 망할 줄 알았다'는 수군거림이 상상 속에 들린다. 가까운 사람들은 '너 그때 이거 안 해서 그렇다'와 같은 형식으로 훈수까지 둬 고통을 가중시킨다. 부담 갖지 말라며 자금을 지원해 준 이들마저도 '내 채무부터 갚으라'면서 매달린다. 채무자의 압박은 채무 순위와 상관없이 집요하다.

한 번 폐업을 하면 다시 일어서려 해도 쉽지가 않다. 사회가 '사업 실패자'가 아니라 그냥 '실패자'란 낙인을 찍어 버리기 때문이다. 사업을 넘어 인생까지 실패한 사람으로 몰릴 때도 있다.

사회 초년생 시절에 다니던 회사의 CEO에게 창업 직후 안부 전화를 했다. 그때 그가 선배 입장에서 한 말이 무척 기억에 남는다.

"사업은 자전거 타는 것과 같다. 페달을 계속 안 밟으면 그대로 넘어진다."

통장에 돈이 꼬박꼬박 들어올 때는 그냥 비유가 절묘한 표현일 뿐이었다. 폐업을 하고 나서야 무슨 의미였는지 직접적으로 다가왔다. 폐업의 쓰라린 고통은 자전거 타다가 넘어지는 것 그 이상이었다.

야구 최고의 명언이라는 요기 베라의 '끝날 때까지 끝난 게 아니다'란 명언은 다른 식으로 해석될 수 있다. 폐업 신고했다고 폐업의 고통이 끝나는 건 아니다.

무엇보다 사람들 만나기가 무서웠다. 이해해 주겠거니 하고 만난 사람들이 한마디씩 해 주는 충고는 '조롱'으로 들렸다. 예전 같으면 발끈했을 발언에도 무기력하게 반응했다. 난 폐업을 한 패배자였기 때문이었다.

내 패배의 또 다른 증거는 대출 불가였다. 여기저기 난리 쳐도 돈 빌려주는 곳은 제3금융 대부업체밖에 없었다. 신용 불량자도 아닌데 내가 왜 이렇게 된 건지 억울하고 심각하게 고민해도 답이 안 나왔다.

실패는 성공의 어머니라고 말들 많이 한다. 그러면서 실패한 사람에게 덕담하며 용기를 준다. 그런데 과연 그럴까? 실패를 해본 사람이 느끼기로는 절대 아니다. 자본주의 사회, 최소한 대한민국에선 인격 실패, 인생 실패로 치부된다. 1년 전 내가 경험한 사업 실패 경험에 비추어 보면 그러한 덕담에 공감할 수 있을지 의문이다.

폐업 후 오래 지나지 않아 취업 전선으로 다시 뛰어들었다. 5년 만에 이력서와 자기소개서를 수정하고 성실하게 면접을 준비했다. '하늘이 무너져도 솟아날 구멍이 있다'란 속담을 굳게 믿기로 했다. 한 달 동안 여기저기 지원했는데, 답이 없었다. 면접 기회도 주어지지 않았다. 당시 나는 최근에 사업 경력만 있는 이른바 '경력 단절' 신세였다.

그래도 어렵사리 면접 기회가 주어졌다. 면접 볼 때 정말 미칠 뻔했다.

'왜 망했냐' 물어보는 건 그나마 배려 축에 들었다. 질문 하나하나가 나를 실패자로 점점 규정짓는 물음이었다. 답하다 지치는 건 둘째 치고 자꾸 사람 속을 긁어 대는 통에 돌아 버릴 것 같았다. 이럴 거면 왜 면접에 불러냈는지 소리치고 싶었지만 절대 그러질 못했다. 아니 절대 할 수 없는 자리가 면접 아닌가? 꾹꾹 참고 그 회사 문을 나온 뒤 분에 이기질 못해 집까지 씩씩대며

15킬로미터를 걸었다. 집에 들어가선 강소주를 들이켰다. 사업 실패가 왜 인생, 인격 실패로 치부되는지 도무지 모르겠다.

창업하면서 폐업 생각부터 하는 사람들은 폐업을 사업에 활용하는 극소수를 제외하고 매우 드물다. 부정 탈까 싶어 성공이란 단어만 머릿속에 꾸역꾸역 박아 두고 뛰어다닌다.

망해 본 나는 반대로 봐야 한다고 생각한다.

남들이 망하게 된 사례들을 두 눈 부릅뜨고 살펴보면서 '망하면 안 된다'는 각오를 바탕으로 사업을 꾸려야 한다. 자전거로 비유하자면 절대 넘어지지 않게 페달을 계속 밟겠다는 의지가 투철해야 한다는 뜻이다.

도덕과 윤리에 저촉되지 않고 불법만 저지르지 않는다면 망하지 않기 위해 수단과 방법을 아끼지 말아야 한다.

'자리가 사람 만든다', '어려울수록 친구를 알아볼 수 있다'란 말은 '실패하지 말라'는 뜻의 다른 표현이다.

그 미치도록 더웠던 어느 여름날, 퇴근길 편의점 앞에서 이마에 송글송글 땀 맺힌 사람들이 시원한 캔 맥주 마시는 걸 잠시 바라봤다. 군침이 절로 나왔다. 주머니를 뒤지니 2500원이 없었다. 그냥 집으로 들어가 냉장고에서 물을 꺼내 마시고 나니 눈물이 울컥했다. 전기 요금 많이 나올까 봐 에어컨도 틀지 못한다는 게 예전엔 상상이나 했던가. 표현 안 되는 무언가가 가슴에서 왈

칵 쏟아져 나왔다. 내 인생이 왜 이리 비참한지, 내가 어쩌다 이렇게 됐는지….

그래도 다행인 건 이런 내 곁에 남아 줬던 이들이 있었다는 사실이었다.

한번은 군 동기와 후배가 모여 함께 한잔했다. 염치없었지만 오랜만에 시원한 횟집에서 소주와 맥주를 말아서 먹으니 너무 좋았다. 한편으로 마음이 무거웠다. 평소 같으면 내가 계산했겠지만 그럴 돈이 없었다. 사정을 아는 후배가 고맙게도 지갑을 꺼냈다. 거기서 끝이 아니었다. 가게를 나와서는 택시비 하라고 내 손에 만 원을 쥐어 주는 것이었다. 순간 머릿속에서 만 원의 용도가 계산됐다. 만 원이면 기자들과 차 한잔할 수 있는 금액이다. 후배가 가는 걸 본 뒤 집까지 걸어왔다. 새벽 1시에 헤어져 집에 돌아오니 3시 정도였다. 올레꾼에게 이 정도는 가뿐하다.

내가 불굴의 투지로 일어섰다는 자랑을 하려는 게 아니다. 일단 한 번이라도 넘어지면 그만큼 쓴맛을 본다는 얘기를 하고 싶은 것이다. 실패하면 다시 일어서겠다는 건 아예 생각하지 말길 바란다. 처음부터 단추를 잘 꿰어 '재기전'이란 말을 쓸 상황으로는 가지 말라는 뜻이다.

통장 잔고가
두둑해야 시작된다

2015년 10월, 새것처럼 깨끗했던 내 여권이 만료 2년을 남기고 쓰일 일이 생겼다. 고객사를 잘 만난 덕분인지 촌놈이 유럽을 가게 됐다. 이탈리아 최고의 커피 회사와 커피 머신 회사 취재차 일주일 일정으로 출장을 가게 된 것이다. 출장 준비하면서 이탈리아에 소매치기가 많으니 어떻게 해야 한다는 블로그 글을 수십 번도 더 뒤져 봤다.

태어나 인천 공항은 네 번째였다. 그중에 정작 내 출국이 목적이었던 건 딱 두 번이었다. 그만큼 이탈리아 출장에 앞서 기분이 들떴다. 출국하는 날 다른 일행보다 두 시간이나 빨리 공항에 도착해 여기저기 구경을 다녔다. 열두 시간 비행 끝에 밀라노에

도착해서는 곧바로 잠들지 못하고 호텔에서 가볍게 맥주를 한잔 했다. 영화나 TV에서만 보던 유럽의 밤길을 보러 호텔 밖을 두 리번댔다.

취재 일정 첫날도 버스 맨 앞자리에 앉아 밀라노 시가지 구경에 정신을 팔았다. 그날 저녁 이탈리아에 살고 있는 여동생이 밀라노까지 두 시간 넘게 운전해 찾아왔다. 18년 만에 만나 저녁도 같이 먹고 이런저런 얘기를 했다.

다음 날엔 패션의 도시, 밀라노 중심부를 걷는 감격도 누렸다. 그리고 꼭 해 보고 싶었던 유러피언 놀이도 했다. 노천카페에서 맥주 한잔 마시며 진짜 유러피언이 된 것처럼 조그만 행복을 누렸다. 다음 일정은 베네치아였다. 〈비정상회담〉에서 알베르토가 자신의 고향이라고 말하던 그곳이다. 낭만과 곤돌라의 아름다움이 있다는 베네치아에서 촌놈 티 팍팍 내며 곤돌라도 타 봤다.

그렇게 보내던 중 막바지 취재도 거의 끝나고, 하루 짬이 나서 일행 몇 명과 트레비소란 조용한 시골 읍내로 나가 여유를 만끽했다. TV에서 보던 유럽의 돌바닥을 밟으며 여기저기 둘러봤다. 노천카페 한 곳에서 점심을 먹으며 유럽의 정취에 흠뻑 취해 일행들과 이런저런 얘길 나누고 있을 때였다. 고객사 여직원이 대화 중에 내게 무심코 던진 말이 비수처럼 가슴에 꽂혔다.

"사장님이 돈이 없으면 어떡해요?"

216

순간 쥐구멍에 들어가고 싶었다. '모시고 갔던' 기자들도 있던 자리였다. 날 면박 주려 한 말은 아니었겠지만 그 순간 심장이 멎는 것 같았다. 맞다. 난 돈이 없었다.

당장은 한적한 이탈리아 소도시에서 유럽을 만끽하고 있었지만 현실의 난 쥐뿔도 없는 신세였다. 말로는 직원들에게 "걱정 마라. 우리는 진심을 가지고 일하고 있으니 곧 좋은 소식 많을 것이다"라고 했지만 현실은 냉정했다. 화장실을 핑계로 잠시 자리를 비우고 근처 강가에서 담배 한 개비를 꺼냈다.

출발 전 고객사 대표에게 사양에 사양을 거듭하며 이번 취재에 합류하지 않겠다 말했다. 내가 굳이 갈 필요가 없다면서, "내가 가면 오히려 비용만 더 들 수 있으니, 그 돈이면 기자 한 분을 더 모시고 가시라"고 권했다. 겸손 어린 말을 거듭했지만 실상은 이탈리아 출장에 들일 돈이 없었기 때문이었다. 당시에 통장 마이너스와 대출은 둘째 치고 직원들 월급도 겨우겨우 챙기고 있을 때였다. 대출을 받아 직원 월급 입금하고 나면 또 다른 빚이 '이자 내놔' 할 때였다.

전체 비용에서 항공권과 숙박은 고객사가 책임지는 것이었다. 하지만 현지에서 물만 마시며 지낼 수는 없는 노릇이지 않은가. 화장실마저도 공짜로 이용하기 힘든 곳이 유럽이다. '일 안 할 거야?' 하고 말하는 고객사 대표의 표정을 보고 어쩔 수 없이 짐을 꾸렸다. 에잇, 일단 즐겁게 가자! 출국 나흘 전에 카드 현금 서비스로 돈을 뽑아 유로화로 환전했다. 피할 수 없는 출장이니 좋은 생각만 하자고 생각했기 때문이었다. 왜 사장이 돈이 없느냐는 고객사 직원의 말은 꿈속을 걷던 나를 순식간에 차가운 현실로 내던졌다.

창업하는 사람들 중엔 '자아실현', '세상 바꾸기', '이상 실현' 등 거창한 말들을 앞세우는 사람들이 많다. 이런 사람들 앞에 서면 '돈, 돈, 돈…' 하는 내 자신이 부끄러워진다. 물론 그들의 열정과 각오를 들으며 진심으로 잘되길 바란다. 그들의 꿈을 적극 지지한다. 하지만, 자아실현과 세상을 바꾸려는 노력이 빈손으로 이루어지는 건 아니다. 아름다운 이상일수록 상상 이상으로 돈이 많이 들어간다.

멋진 이상을 실현하거나, 세상을 바꾸려고 마음먹었다면 두둑한 통장 잔고는 필수다. 아주 가까운 눈앞을 보자. 당장 점심이나 저녁을 거르고 일주일 동안 일할 수 있나? 결혼한 사람이면 부양가족을 생각해 봤나? 결혼을 하지 않았더라도 챙겨야 할 가족이 있게 마련이다. 창업 후 이런 현실은 뒤로 한 채 오로지 이상 실현만 하려는 사람들이 있다. 이런 사람들은 도시락 싸 들고 다니면서 현실을 설명해도 소용이 없다. 창업의 '당위성'과 '사회적 기여', '천하백년지대계天下百年之大計'가 우선이라면 밥 안 먹고 꿈을 이룰 수 있는지 자문해 보자.

　내가 아는 기자들도 통장 잔고 우습게 아는 창업자들을 종종 만난다고 한다. 가끔 술자리에서 이런 사람들이 안줏감으로 올라올 때가 있다. 이들이 지닌 여러 공통점 중 하나는 지구를 넘어서 '우주의 근심'까지 자기 몫이란 생각이다. 두 번째는 비슷한 사업하는 다른 사람들 행보를 보며 '저건 아니다'라고 별생각 없이 말하는 습성을 가지고 있다. 세 번째는 구체적인 계획 없이 결과적으로 '위대한 위인'이 된 자신만을 그린다는 점이다. 이순신 장군이 그냥 위대하기 때문에 아무 연습이나 준비도 없이 여러 전투에서 이겼다고 생각하는 식이다. 이순신 장군도 농사와 군량 걱정하며 싸움을 준비했는데, 그런 건 모른다. 통장 잔고 우습게 알고 꿈, 이상 실현만을 최대의 지상 과제로 알고 덤빈다. 그러다가 실패하면 세상 탓만 하며 자신의 비범함을 세상이 몰라준다 한다.

　그런 사람이 당신이라면 이렇게 한마디 해 주고 싶다.

　당신이 세상 탓하며 힘들어할 때 주변 돌아봤나? 당신 때문에 더 힘들어하는 사람이 주위에 널렸다. 당신의 이상 실현에 희생되어 속 앓고 있는 사람들이 당신보다 더 힘들다. 당신의 숭고한 이상 실현을 위해 통장 잔고는 신경 쓰지 않고 일만 시키는 것은 내 가족, 내 직원들에게 고행을 강요하는 것이다. 그들을 희망

고문하는 것과 다를 바 없다.

사업은 돈 버는 행위다. 이게 사업의 가장 원초적인 정의다. 창업했다는 것은 사업의 시작이란 뜻이다.

내가 만든 서비스나 물품이 고객에게 인정을 받으면 그 대가로 돈을 받는다. 그 돈으로 고객들이 원하는 걸 다시 제시하면서, 당신이 원하는 이상으로 나아가는 게 사업이란 것이다. 통장 잔고가 두둑해야 당신의 이상도 실현될 수 있다.

통장 잔고는 채권이나 미수금을 말하는 게 아니다. 미수금 대상들을 보면 자기 이상 때문에 주변을 힘들게 하는 부류들이 많다. 미수금을 지나치게 쌓는 건 함께 망하는 길이다.

2017년 3월 집안 어른 한 분이 서울에 다녀갔다. 그날은 마침 일정이 비워져 있었기에 하루 종일 모셨다. 중간에 합류한 집안의 다른 어른이 이런 내 모습을 보고는 조심스럽게 한 말씀 꺼내셨다.

"이제 돈 좀 버냐?"

솔직히 말씀을 드렸다.

"아직 벌진 못하지만 그래도 아홉 달 동안 고생해 이젠 빚 거의 다 갚게 됐습니다. 조금만 더 고생하면 빚 청산합니다."

그랬더니 "조카가 돈 많이 못 버는 것 같은데 점심 식사까지 챙겨 주고 온종일 운전에, 숙소까지 잡아 주는 모습에 마음이 영

불편했다"고 말씀하셨다. 어른들께 밥 한번 샀다는 기분에 으쓱했는데 정작 그런 마음을 숨기셨다니 "괜찮다"고 말씀은 드렸지만 가슴속에서 묘한 감정이 올라왔다. 혹여나 내가 기죽을까 봐 모르는 척 넘기고 계셨을 마음을 생각하니 감사하고도 죄송스러웠다. 내가 이렇게 될 줄 알았다면, 통장 잔고에 조금만 신경을 썼다면 이런 일은 없었을 텐데….

군 선배 블로그에서 본 글이 있다.

'인생은 이상을 현실로 만드는 것이다'.

100퍼센트를 넘어 200퍼센트 지지하는 말이다. 그런데 빈손으로? 석기 시대처럼 강가에 널린 돌로 도끼 만들어 멧돼지 잡는 시절 아니다. 정 안되면 산으로 들어간다고? 〈나는 자연인이다〉 TV 프로그램 안 봤나? 자연인들도 약초 캐고 양봉하고 뭐라도 해서 돈 벌어 쌀 사 먹는다.

할 수 있지만 당연한 걸 안 해서 문제다. 성공이나 부자가 목표가 아닌, 이상 실현과 기술 달성 같은 목표를 둔 창업자들은 이 당연한 걸 챙기지 못해 힘들여 개발한 기술과 서비스를 세상에 빛내지 못한다.

잊지 말자, 통장 잔고!

또한 사장은 돈이 있어야 한다. 이건 너무나 당연한 거다.

당신은 스티브 잡스, 백종원이 아니다

어린 시절, 학교에서 공부 잘하고 성적 잘 나오는 애들 하는 거 보면 별다른 것도 없어 보인다. 그러다가 공부를 좀 해야겠다고 마음을 먹으면 성적 좋은 애들을 따라서 한다. 나도 대학 입시를 앞두고 주변 사람들이 놀랄 만큼 공부를 열심히 해 봤다. 결과는 무척 아쉬웠다. 다음번에 심기일전해 보지만 결과는 마찬가지였다.

공부가 이럴진대 정해진 답이 없는 사업은 어떨 것 같나?

창업 준비자나 초기 창업자들에게 성공한 롤모델은 꼭 하나씩 있다. 나에게 이 세상에서 제일 닮고 싶고 따라 하고 싶은 사람을 꼽으면 리처드 브랜슨이다. 그는 고등학교 중퇴에 난독증이 심했지만 학교를 그만두고 사업부터 시작해 지금은 세계적인 CEO가 되었다. 그를 닮고 싶다고 그 사람과 똑같이 고등학교를 중퇴하고 난독증에 걸릴 수는 없는 노릇이다. 그 사람은 그 사람이고 나는 나다. 우등생 공부 방법 따라 하는 방식은 절대 통하지 않는다. 괴짜 같이 구는 행동은 따라 할 수 있지만, 사업 모델을 발전시키고 돈 버는 일은 그처럼 하는 게 불가능하다.

아이팟, 아이패드, 아이폰으로 일약 '영웅'이 된 스티브 잡스. 그는 창업자들 중 IT나 기술 쪽으로 방향을 잡은 사람들에겐 선망의 대상이며, 따라잡아야 할 가상의 적이다. 그는 대학 중퇴 전 불교 사상과 마약에 심취해 있었다고 한다. 늘 맨발로 다녔고, 눈 올 때만 신발을 신었다고 한다. 돈이 모자라 공병을 주워 판 적도 있고, 일요일엔 공짜 점심을 먹으러 사원까지 걸었다고 한다. 도서관에선 불교 '선禪' 사상 책을 독파했다. 스티브 잡스 같은 세상을 바꾸는 CEO를 꿈꾸는 건 좋다. 그런데 창업한 사람들을 만나면 그를 똑같이 따라 하는 사람들이 무지하게 많다. 수염은 물론 안경과 패션 코드에 말하는 투까지. 그러나 스티브 잡스가 애플을 만들고 쫓겨난 뒤 다시 돌아와 지금의 자리에 올려놓기까지 어땠을지 물어보면 '힘들었을 거다'가 끝이다.

더본코리아 백종원 대표는 대학 졸업 후 학사장교 포병으로 임관하고 군 전역 후엔 무역업을 했다. 그러다 IMF 때 폭망하고 남은 건 빚과 취미 삼아 하던 쌈밥집이었다. 하루에도 몇 번씩 채권자들 압박에 시달렸다. 쌈밥집 하나에 모든 걸 걸고 요식업을 시작했는데 지금 어떤가? 미인 탤런트 아내에 아들, 딸 두고 사업은 승승장구다. 매주 방송에도 나오며 구수한 입담 때문에 팬심도 높다. 요식업으로 이 모든 걸 움켜쥐다니 무척 부럽다.

스티브 잡스, 백종원 말고도 빌 게이츠, 마윈, 손정의 등등 그들은 모든 걸 다 가진 듯 보여서 나도 오늘부터 열심히 하려고 한다. 그런데 뭘 어떻게 해야 하나? 그 사람들 자서전을 뒤져 보며 답을 찾은 뒤에는 '똑같이' 한다. 자기가 스티브 잡스, 백종원, 빌 게이츠도 아닌데 말이다.

심할 경우 습관까지 똑같이 따라 하는 사람도 봤다. 이순신 장군 같이 되겠다고 매일매일 긴 칼 차고 깊은 시름에 잠기며 똑같이 따라 하는 해군 장교가 있다면 뭐라고 할까? 그런 건 성공한 CEO가 되기 위해 가끔 하는 코스프레 취미 정도로 끝내야 한다. 나는 나고 그 사람은 그 사람이다. 생김새, 목소리, 부모님과 살아온 환경이 완벽하게 다르다. 너무나 완벽히! 어느 정도 그 사람들의 습관을 내 것으로 만들 순 있겠지만 똑같이 하다간 '망했어요'다.

2016년 8월, 재기전 초기 고난의 행군 때 IT 개발 사업을 하는 한 창업자와 만났다. 처음엔 몰랐는데 두 번 세 번 만나다 보니 술 한잔하고 싶었다. 한잔하다 보니 그도 힘든 고난의 행군 중이었다. 서로 통하는 게 많았지만 무엇보다 말이 잘 통했다. 잘나가는 CEO들의 패턴 분석을 아주 잘하고 있었다. 그런데 나도 그렇고 그도 그렇고 그게 함정이다.

앞서 얘기했지만 나는 리처드 브랜슨을 동경한다. 그래서 재기전 하면서도 '돈 벌면 꼭 리처드 브랜슨처럼 살자'고 다짐했다. 그런데 바보 같이 엉뚱한 괴짜 행보만 그처럼 하고 있었다. 유럽 스타일에서 한국 스타일로 조금 바꿨을 뿐 그대로 따라 했다. 그러면서 뭐 대단한 걸 발견한 것처럼 재기전 두 달째 그러고 있었던 것이다.

나의 이 바보 같은 모습을 그때 만난 IT 개발 창업자가 지적해 줬다. 자신도 스티브 잡스처럼 한 획을 긋고 싶었다고 한다. 그래서 열심히, 그들보다 더 열심히 움직였는데 답이 안 나와 답을 찾기 위해 스티브 잡스, 빌 게이츠 자서전 몇 권을 분석했다고 했다. 복장은 물론 수염까지 연구하고 모방했다. 누군가가 그 모습을 보면서 대화를 나눈다면 기분이 참 묘할 것이었다. 그가 나를 만났을 땐 정신을 차린 후였다.

롤모델 따라 하기는 나만 그런 게 아니다. 컨설팅을 하다 보면 답답할 때가 한두 번이 아니다. 아무리 우리나라 교육이 붕괴됐다지만 콕 집어 정답만 요구하는 사람들이 있다. 빌 게이츠, 스티브 잡스로 만들어 달라는 것이다.

성공한 CEO나 사람들은 롤모델일 뿐이고, 그들의 습관과 생각을 관찰해서 사업의 성과를 최대로 끌어낼 당신만의 방법은 스스로 찾아야 한다. 학교 다닐 때 부모님이 '이래라 저래라', '쟤는 공부 이렇게 하더라' 하는 말을 들으면 짜증부터 났다. 그런데 사업이란 무서운 정글에서 스스로가 그런 감옥 속으로 다시 들어가려고 한다. 빌 게이츠의 명언 중에 '게으른 사람에게 일을 맡겨라. 그들은 어려운 일을 쉽게 해결하는 방법을 찾기 때문이다'란 말이 있다. 그럼 그 게으른 사람들은 짧고 굵게 해법을 찾는 선수란 사실은 까맣게 잊고, 일 안 하려고 노력하는 진짜 '게으름뱅이'들만 찾아다니며 망하는 노력도 서슴지 않는다.

공부 잘하는 사람과 똑같이 해 봐야 소용없다. 전교 1등과 똑같이 하루 네 시간만 자고 공부하면 뭐하나? 집중도와 이해도가 뒷받침되지 않으면 성적은 언제나 그 자리다. 정답과 성적이 중요한 교육은 그나마 어찌어찌 버틸 수 있다. 그러나 사업은 스스로 답을 찾고 하루 24시간, 1440분 동안 실시간으로 변하는 시장에 직접 대처해야 한다. 절대 따라 하지 마라, 제발! 당신은 스티브 잡스, 백종원이 아니다!

망해 보니
알겠더라

　마지막 에필로그를 쓰는 지금, 처음 출간 기획서 쓸 때와는 다른 기분이다. 솔직히 말하면 '내가 미쳤지'다. 뭐 잘난 게 있다고 다른 사람들에게 악담하고 나도 듣기 싫은 얘기를 막 쏟아부은 건지…. 게다가 내가 말아먹은 일과 나의 치부를 모두 드러내 부끄럽다. 내가 지금 잘하는 것인지 모르겠다.

　어쨌든 지금 부천 범박동의 단골 카페에 있다. 일주일 중 하루 이틀은 여기서 일도 하고 한 주를 정리한다. 처음 왔을 때 분위기에 취했고 지금은 대표 바리스타와 동네 친구가 됐다. 그에게 원고 첫 부분을 보여 주며 느낌을 물어봤다. 카페 오픈해서 운영하는 자영업자 입장에서의 느낌을 물어봤다.

　"형님. 더 직설적으로 쓰면 안 돼요? 나도 카페 오픈했지만 사람들이 창업을 너무 쉽게 생각하는 것 같아요."

맞다. 창업을 너무 쉽게 생각한다. 아니라고 항변할 수 있겠지만 '글쎄요'다. 창업하면 내 일만 잘해선 안 된다. 모든 걸 다 잘해야 한다. 잘 모르는 건 맡기면 되지 않냐는 반문도 있겠지만 알지 못하는 걸 맡기면 사기당하기 십상이다. 눈 감으면 코 베이는 게 뭔지 느낄 것이다.

한 번 말아먹고 다시 시작하는 게 쉽진 않았다. 그러나 당시 내겐 선택지가 없었다. 벼랑 끝에 몰려 다시 시작한 것이다. 만약 그때 다른 곳에 들어갈 수 있는 기회만 있었다면 절대 다시 시작하지 않았을 것이다.

사실 지금도 언제나 불안하다. 열심히 영업하면 되지 않느냐는 말도 있는데, 안될 때는 정말 아무것도 안된다. 별 쇼를 다 해도 안될 때가 있다. 그래서 지금 더 불안한지 모른다. 빚도 갚아가며 생활 속 소소한 재미와 행복도 느끼고 머릿속에 그리는 대로 어느 정도 진행되고 있지만 과연 이게 어느 순간 확 뒤집어져 다시 나를 옥죄어 올까 불안함에 잠 못 이루는 날이 더 많다.

원고를 정리하고 나니 홀딱 벗고 '빤스 바람'으로 서울 시청 광장 한가운데 있는 기분이다. 그동안 남들에게 말하지 못하고 혼자 끙끙 앓던 심정, 가족은 물론 그 누구에게도 털어놓지 못했던 스트레스와 숨겨진 얘기들을 세상에 공개한 것이다. 쥐뿔도 가진 게 없는 놈이 뭐 잘난 척하느라 다른 창업자들에게 비꼬듯 독설을 날린 건지.

여기까지 읽고 기분 많이 나빴을 사람들이 변명할 기회를 준다면 딱 이 말밖에 없다.

"망해 보니 알겠더라."

난 뜻한 바가 있어 창업한 사람이 아니다. 청력이 약해져 회사를 그만둬야 했다. 지금 하는 PR, 홍보라는 일은 정말 내 인생 최고의 직업이다. 내가 좋아하는 일하며 돈 벌 수 있는 게 무엇인지 안다. 그런데 이것이 사업으로 변하면 월급쟁이 때처럼 후배들에게 훈계하고 점잖은 척만 하며 살 수 없다. 장애인이 되느냐 아니면 백수가 되느냐, 당시 내 손에 쥔 카드는 딱 이 두 가지밖에 없었다.

그래서 시작했다. 먹고살아야 했고, 그동안 해 온 일이었으며, 재능과 재미까지 모두 모인 게 '홍보쟁이'밖에 없어 PR 대행사를 덜컥 차렸다. 시작할 땐 '적당히 벌고 귀농이다'란 막연한 생각만 있었다. 그런데 업력이 계속되니 나 혼자가 아니었다. 그 사이 직원들도 뽑아 업무를 시켜야 했고, 도덕과 윤리를 지키려는 내 자신을 '편한 길'이 매일매일 유혹했다.

영업? '진심은 통한다'로 일관했다. 직원들 월급을 챙겨 줘야 하는데, 영업보단 '잘되겠지'란 생각에 대출받을 방법만 계속해 찾았다. 절대 그때로 돌아가고 싶지 않다. 절대 그럴 리 없겠지만 만약 그때의 나를 다시 만나게 된다면 뒤통수로 안 끝난다. 죽지 않을 만큼 두들겨 패서 정신 차리게 만들고 싶다.

30년 뒤 누가 내게 인생 최악의 나이를 꼽으라면 난 주저 없이 40~41세를 선택할 것이다. 사업이 고꾸라지기 시작해 계속 침몰해 가면서도 '잘될 거야'만 줄창 말했던 2015년. 최종 폐업 후 다시 시작하려 취업 시장에 뛰어들었지만 '사업 실패' 아닌 '인생 실패' 취급받았던, 아니 '인격 실패'로까지 치부되었던 2016년. 생각만 하면 이불킥 아니라 자다가도 벌떡 일어나 담배부터 찾는다. 더 이상 망하고 싶지 않다. 망하는 징조나 그 흐름도 타기 싫다. 두 번 다시 그런 경험하기 싫다.

이 책을 집어 든 사람들은 이미 창업을 했거나 준비하고 있을 것이다. 제발 이런 경험은 하지 말라는 거다. 100만 원이 없어서 여기저기 전화 걸어 아쉬운 소리를 하니 '부채 100만 원'에 '1년 치 잔소리'는 덤으로 받았다. 여기에 '못난 놈'은 별책 부록. 답답한 마음에 술 한잔하고 싶지만 밖에서 사 먹을 돈이 없어 강소주로 지새운 날이 하루 이틀 아니다. 취기가 오르면 잠시 잊을 수 있지만 다음 날 기다리는 건 옥죄는 두통과 숙취, 그리고 여전한 최악의 현실.

원고 정리하다 출판사 대표와 우스갯소리로 이런 얘길 했다.

"개뿔도 없는 놈이 책이랍시고 쓰다 보니 여기저기 미안한 게 되게 많네요. 책 나오면 최소한 이 책을 택한 독자와 종이로 쓰일 나무, 출판사에 미안하지 않았으면 좋겠네요."

문자로 지난 시간을 기록하기 시작한 '역사 시대' 중 청동기~ 산업 혁명 시대엔 한자 문화권인 동양에서 국가를 세우는 일을 '창업創業'이라 표현했다. 창업創業이란 나라를 세우는 일이다. 그만큼 어렵다. 나라 세운 뒤 운영하는 것이 어디 하나만 잘해서 되나? 농업, 상업, 공업 모두 신경 쓰고 외침은 물론 외교 관계에 반대 정치 세력도 보듬어야 하고 필요하다면 바보짓도 하는 것이 국가 경영이다. 이러한 경영의 처음이 창업이다. 즉, 국가 경영하는 것처럼 모든 것을 신경 쓰고 책임져야 하는 것이 창업자의 기본 마인드다.

기분 나쁘게 비꼬았지만 솔직히 현장에서 만나는 창업자들을 보면 답답함을 넘어 한심함을 느낄 때가 있다. 경험하지 못한 일을 하는 거지만 그것이 절대 면죄부에 도움이 되는 것은 아니다. 그런데 이를 우습게 볼 때가 많다. 위험이 다가오는 징후가 있는데도, '좋은 경험'만으로 평가 절하 하고 넘어간다.

창업 후 당신들이 직접 부딪히는 시장, 사업하며 만나는 소비자들과 고객들이 있는 곳은 '치열한 경쟁'이란 말로 표현되지 않는 곳이다. 정글의 먹이 사슬처럼 모든 걸 동원해 내가 살아남아야 할 무시무시한 곳이다. 달콤한 지원책, 여기저기 돌아다니는 눈먼 돈, TV에서 만나는 성공 사례만 보고 쉽게 생각하지 말아야 한다.

한 번 말아먹은 뒤에는 일정 궤도에 오른 회사 사장, CEO, 창업주들을 보는 시선이 달라졌다. 홍보쟁이 생활하며 옆에서 볼 때와는 다르다. 내가 직접 그들과 같은 고민을 하고 비슷한 일을 해 나가며 얼마나 대단한 사람들인지 다시 한 번 느낀다.

창업, 사업. 부탁이다.

절대 망하지 마라.